기도의 빛

종학 스님 지음

이것만은 꼭 기억하세요!

천국과 극락이란
기쁘고 즐겁고 유쾌하고 행복한 마음을 말합니다.
그 마음을 소유하는 비결은
마음속에 웃음이 있어야 합니다.
당신이 절대자를 믿거나
큰 깨달음을 추구한다 해도
마음속에 웃음이 없다면
그 속에 절대자는 존재하지 않으며
깨달음의 지혜는 열리지 않습니다.

신이란 웃는 마음속에 있습니다.
깨달음의 지혜 역시 그러합니다.
천하를 얻은 제왕이나 재벌이라도
마음속에 웃음이 없으면
지옥에서 사는 것입니다.
천하를 얻은 제왕의 부인이 되고
재벌의 부인이 된다 해도
마음속에 웃음이 없으면
당신은 지옥에 사는 것입니다.

천국과 지옥 곧 행복이란
배우고 못 배우고 가지고 못 가지고
잘 생기고 못 생기고
초가집과 고대광실과는
전혀 상관이 없습니다.
지금 당신의 마음이 웃을 수 있다면
당신은 즉시 행복해질 수 있습니다.

당신은 배우기 전에 웃음을 알아야 합니다.
당신은 학생을 지도하고
백성을 지도하기 전에 웃음을 알아야 합니다.
당신은 돈을 벌기 전에 웃음을 알아야 합니다.

그렇지 않고
만약 당신이 돈을 벌게 된다면
돈이 당신으로부터 웃음을 빼앗아 갑니다.
당신은 정치를 하기 전에 웃음을 알아야 합니다.
그렇지 않고 권력을 얻는다면
그 권력이 당신으로부터 웃음을 빼앗아 갑니다.

당신은 성인의 가르침을 배우기 전에

웃음을 알아야 합니다.

그렇지 않고 세상을 제도한다고 나서면

당신은 세상을 분열시키고 혼란으로 몰고 가서세상 속에 있는

웃음마저 빼앗는

도적이 될 것입니다.

당신은 부부가 되기 전에 웃음을 알아야 합니다.

그렇지 않고 가정을 이룬다면

상대 속에 있는 웃음마저 빼앗아가는

원수가 될 것입니다.

그러므로 웃음은 행복 문을 여는

행운의 열쇠입니다.

.

이 책을＿＿＿＿＿＿＿님께 드립니다.

종학 두손모음_()_

머리말

《기도의 빛》 저자인 저 종학은 15~16세 무렵부터 건강이 안 좋아 많은 고생을 하였으며, 불행한 가정사로 인하여 실타래처럼 얽히고설킨 운명 앞에 절망과 마주하기를 수 없이 반복하는 청년 시절을 보내게 되었습니다.

그러던 어느 날, 전생에 부처님과 인연이 있어서인지 지장보살님이 친히 찾아오셔서 몽중가피를 내려주심으로 헐벗고 굶주리고 병들과 삶과 죽음 가운데 고통받는 이웃을 위한 기도자의 길을 가야 할 운명이 주어져 있음을 알게 되었습니다.

이윽고 출가한 저는 줄곧 전국 유명 기도처에서 기도 정진을 하여오면서 운명의 실타래를 풀어내는 데 매달리며 현실의 고통과 아픔이 어디에서 오는지 그 원인을 규명하는 데 몰두하였습니다.

이후 각고의 기도 정진 속에서 운명의 정체에 대하여 대체적인 원리를 깨달을 수 있었습니다. 그리하여 운명을 효율적으로 관리하는 방법을 비롯하여 일상의 소원을 성취하는 것과 깨달음을 위한 기도가 어떻게 이뤄져야 하는지, 또한 기도자가 지켜야 할 준칙은 무엇인지 알 수 있었습니다.

이에 작은 깨달음이지만 길을 잃고 방황하는 사람과 길을 찾는 사람, 길을 가는 사람과 더불어 기도의 공덕을 나누고자 《기도의 빛》이라는 제목의 소책자를 내게 되었습니다.

이에 인연되는 모든 분들이 업장을 소멸하고 소원을 성취하며 자신의 앞길을 밝히는 희망의 빛이 되는 것은 물론 지옥에서 고통받는 모든 영가들이 고통 없는 극락세계에 태어나시길 기원합니다.

끝으로 이 책자가 발간될 수 있도록 물심양면으로 지원을 아끼지 않으신 경주유인 이현주, 성주후인 이은주, 신안후인 주영환, 청주유인 한복순, 평산후인 신갑철, 나주유인 정성례 영가님의 극락왕생을 기원합니다.

또한 이동환, 문한석, 신연주, 최아령, 변영국, 서상훈, 최재용, 조소영, 남용희, 신월성, 박재현, 조상표, 강정화, 박창란, 박춘생, 박주연, 이은경, 조경희, 박상은, 정지민, 주진희 님을 비롯한 여러 불자님의 가정에 부처님의 자비광명이 함께하시길 빕니다.

佛紀 2557년 부처님 오신 날
고령 토굴에서 종학합장_()_

목차

제3장 기도에 대하여

제4장 기도의 가피

제5장 오도송(悟道頌) 산책(散策)

마음(의식)이라는 것

마음이라는 것에 대하여……

물의 결정체에 대한 보고서로 알려진《물은 모든 것을 알고 있다》라는 책을 출간한 일본인 에모토 마사루[江本勝]씨는 우리에게 놀라운 사실을 알려주었다. '사랑한다', '미워', '예뻐', '죽어'등의 말을 사용할 때 물 입자 조직이 '말에 따라' 변화했던 것이다.

보름달

최근 텔레비전 방송에서 꽃이나 콩나물, 먹는 밥을 대상으로 한 실험에서도 분명한 차이가 나타나고 있음을 확인할 수 있었다. 말씀(波動)의 창화력(創化力)이 물질의 조직에까지 영향을 미치고 있다는 가설은 모두 사실이었다.

그러나 이러한 실험이 새삼스럽지 않은 것은 정신과학에서는 이러한 현상을 수없이 얘기하고 있었으며, 종교나 도의 차원에서는 '믿음'의 힘이 삶의 여러 방면에 변화를 이끌어 내고 죽음까지도 다스리는 교화의 힘이 있다는 것을 주장하여 왔기 때문이다. 그리고 더 나아가서 수행의 차원에서는 음과 양이라는 삶과 죽음의 문제를 함께 벗어나려면 음양이라는 에너지의 양분 상황을 거슬러 분리 이전의 전일(全一)한 상태로 돌이켜야[廻光返照] 한다고 주장해 왔던 것이다.

즉, 두 갈래 길로 나뉜 음양의 두 상반된 기운을 조화시켜서 태극의 본원으로 환원해야 밝음을 회복할 수 있다는 것이다. 기도를 활용해서 현실의 문제를 해결하고 죽은 망자의 문제를 해결하는 단계에 머물지 않고 한 발짝 앞으로 나아가야 중생이라는 이름표를 영원히 뗄 수 있으니 백척간두진일보

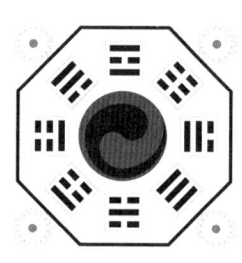

삼태극 문양

(百尺竿頭 進一步)*가 요구되는 지점이다.

그곳이 불입문자(不入文字), 언어도단(言語道斷)이라고 표현되는 경계이다. 이곳은 부처님, 하나님, 도(道) 등 그 무엇이라고 이름 붙일 수 없다. 바로 무(無)인 것이다. 노자《도덕경》1장에 "도가도비상도 명가명비상명(道可道非常道 名可名非常名)"이라 하여 "도를 도라고 하면 영원한 도가 아니고, 이름을 이름이라 하면 영원한 이름이 아니다."라고 말하고 있음도 같은 이치이다.

......

*백척간두진일보(百尺竿頭進一步)라는 말은 참선을 하는 문중에서 사용하는 것으로, 백 척의 높은 작대기 위에 서서 허공 속으로 한 발 앞으로 내딛으라는 말이다. 백 척이나 되는 작대기 위에 이르기도 어려운 공부인데 그곳에 멈춰 있지 말고 아무런 의지처가 없는 허공으로 몸을 던지라는 것이다. 공부자가 통과해야 할 최후의 관문이라고 할 수 있다.

여러 단계의 의식 형성 과정

기도자나 수행자가 원래부터 '無'인 근본의식을 구경(究竟)하려고 관광(觀光)에 나서도 현재의식이나 무의식으로써는 도달할 수 없다. 헤아리는 의식 활동이 멈춰야 비로소 도달할 수 있는 것이다.

아는 것으로 모르는 것을 알 수 없고 있는 것으로 없는 것을 상대해낼 수는 없는 것이다. 의식을 다루는 것에 있어서도 있는 의식을 사용하여 없는 근본의식을 상대로 작업할 수 없는 것이다.

이러함으로 의상 대사는 법성게에서 구래부동명위불(舊來不動名爲佛)이라 하여 '예로부터 움직임이 없는 것을 이름 하여 부처라고 한다.'고 표현한 것이다. 이러한 마음의 원래 모습에 변화가 찾아오는 시절이 있었다.

본래는 정신적 물질적 자극을 전혀 받지 않고 그에 따른 어떠한 심상도 갖지 않던 본래의 마음에 수수만년의 생명의 역사를 거치면서 외부에 대응하여 마음의 에너지가 밖으로 흘러 나가면서 분열을 시작하게 된 것이다. 그러면서 의식 안에 각각의 층들이 형성되기 시작하였다.

먼저 형성된 의식은 시간의 흐름 속에서 다시 형성된 새로운 층으로 인하여 뒤로 자꾸 밀리면서 신·구층이 형성되었다. 마치 텅 빈 공간에 칸막이 공사를 하여 여러 개의 방을 만드는 것처럼 된 것이다.

그래서 하나의 의식(태극)이 외부에 상응하는 의식 활동을 통해서 음양이라는 내·외 의식으로 나누어지게 되었던 것이다. 그러므로 본래의 텅 빈 마음의 상태로 돌아가려면 조성된 칸막이를 하나씩 하나씩 거둬내야 비로소 가능하다.

기도, 더 나아가서 수행이라는 것은 바로 이렇게 나뉜 상황에서의 의식의 장막을 거둬내고 본래의 빈 공간을 회복하는 작업이다. 단지 다른 것이 있다면 칸막이 공사는 실제 칸들을 뜯어내는 것이지만, 기도와 수행은 의식으로써 진행되는 작업이라는 것이 다른 뿐이다.

```
현재의식--------陽--有形(있음)-정신-육신 세계
전의식+무의식--陰--無形(없음)-귀신-영혼 세계
근본의식------太極-眞空(妙有)-자성-본성 세계
```

근본의식이라는 본성은 아무런 생각을 담고 있지 않다. 마치 속이 텅 빈 종과 같은 것이다. 그러나 외부에서 어떠한 정보를 요구할 때는 즉각 반응한다. (종 채로)종을 치면 소리로 반응하는 이치인 것이다.

이 상태를 금강경은 응무소주이생기심(應無所住以生其心)이라 하여 '응당 집착하는 바 없이 마음을 사용한다'고 표현하고 있다.

그러나 외물(外物)에 마음을 빼앗긴 채 집착심으로 반응한다

면 우리의 의식은 근본의식과 분리된 채 의식의 두터운 층에 갇히고 만다. 거울은 내용물이 없이 텅 빈, 즉 공한 상태이므로 맑고도 밝은 것이다.

아무런 정보도 입력됨 없이 무(無)일 뿐이다. 그러나 거울 앞에 어떤 사물이 움직이면 그대로 비추어 낸다. 거울이 움직여서 비추어지는 것이 아니라 거울은 가만히 있지만 물건이 움직이면서 거울에 비추어졌을 뿐이다.

레이더

근본의식은 보거나 듣거나 느끼거나 냄새 맡거나 생각하거나 하는 기능이 전혀 없다. 그러나 외부에 어떠한 움직임이 있으면 미세한 부분까지 즉각 감지하여 밝히고 읽어내는 것이다. 이러한 근본의식을 관세음(觀世音)이라 하여 세상의 온갖 움직임을 보고 듣고 그에 응답한다는 것이다.

인간의 현실은 외부에 꺼둘린 나머지 에너지의 분리가 일어나고 그 결과 의식의 각층이 형성되어서 결국에는 지옥과 천국이 나누어지고, 이승과 저승이 나누어지고, 부귀와 빈천이 나누어지고, 대인과 범부가 나누어지고, 성인과 중생이 나누어지게 된 것이다.

또한 이렇게 될 수밖에 없는 중요한 이유는 자연계의 순환법칙이 애시당초 그렇게 짜여 있었다는 사실이다. 소수의 수행자나 기도자만이 이를 알아차리고 근본의식을 찾아 구도 수행하며 근본의식을 회복하려고 노력해 왔던 것이다.

그러나 대부분의 사람들은 여전히 현실을 쫓아감으로 인하여 오랜 생 동안 고통스런 현실을 벗어나지 못하고 이승과 저승을 오가면서 고통을 반복하고 있는 것이다. 이를 윤회(輪廻)라고 한다.

뫼비우스의 띠

불교는 마음을 어떻게 보는가……

불교에서는 마음의 구조와 작용을 8식과 12연기논리로 설명하고 있다.

- ◆ 안식(제1식): 시각의 감각기관
- ◆ 이식(제2식): 청각의 감각기관
- ◆ 비식(제3식): 후각의 감각기관
- ◆ 설식(제4식): 미각의 감각기관
- ◆ 신식(제5식): 촉각의 감각기관
- ◆ 의식(제6식): 정신 작용의 감각기관으로 '의식이 있다', '의식이 없다' 할 때는 제6식을 칭한다.
- ◆ 말라식(제7식): 자아의식이라는 '에고'로, 제6식인 의식 작용이 단절되는 수면 상태나 기절 상태에서도 작용이 계속된다.
- ◆ 아뢰야식(제8식): 인간의 모든 움직임이 고스란히 입력되는 행위(업)의 저장소이다.

불교에서는 사람이 세상에 태어날 때 명(名: 마음)과 색(色: 육체)을 갖고 태어난다고 본다.

그리고 아이가 1~2세가 되면 육처(六處: 눈, 귀, 코, 혀, 피부, 뇌)라는 감각기관이 외부 세계로 열려 접촉(觸)을 하게 된다.

3~5세가 되면 적극적으로 자기 의사 표현을 하면서 외부 세계와 접촉하며 의식상으로 호, 불호가 구분되며 희로애락의 감정을 갖게 된다[受]. 이러한 과정이 이어지면서 지각[受]에 의해서 탐욕[愛]이 생기고 탐욕[愛]은 그것을 지속적으로 소유하려는 집착심[取]을 갖게 된다고 한다.

자기 경험에 의하여 좋고 나쁘고 즐겁고 슬픈 것을 구분하여, 좋고 즐거운 것은 취하고, 나쁘고 슬픈 것은 멀리하려는 경향을 갖는다는 것이다. 이러한 집착심[取]는 죽지 않고 살고 싶어 하는 목숨에 대한 집착[取]으로도 나타난다고 한다.

이러한 일련의 작용들이 마음의 경계를 만들어 사물의 본 모습(근본)을 보지 못하게 하는 고통[苦]을 만드는 이유가 된다. 그러므로 이 유(有), 취(取), 애(愛)를 버리는 것이 바로 고통(苦)에서 벗어나는 길이 된다.

(1) 생(有)을 오래 유지하려는 집착심
(2) 재물에 대한 집착[取]
(3) 탐욕[愛]

그러나 부처님께서는 인간의 의식 구조가 심(心: 제8식 아뢰야식), 의(意: 제7식 말라식), 식(識: 제6식)의 중층 구조로 이루어져 있어서 각층에 끼인 때를 벗겨내야 청정함을 회복할 수 있다고 설파하신다.

위에 언급한 유(有), 취(取), 애(愛)는 제7식 말라식의 영역까지이므로 제8식 아뢰야식에 낀 때는 여전히 남아 있으니 이를 해소해야만 청정심을 회복할 수 있다는 것이다. 제8식 아뢰야식은 인간의 모든 행위, 즉 업의 저장소라고 하였다.

사람이 죽으면 생전의 제6식과 말라식의 정보가 고스란히 아뢰야식에 저장되어 다음 생으로 이어지게 된다. 이를 영혼 또는 중유라고 이름 하는 것이다. 수많은 윤회 속에서 얻은 지식과 정보들이 모두 영혼(아뢰야식) 속에 입력되어 있다가 인연이 되면 현실화되어 나타나게 되는 것이 바로 숙명인 것이다.

수행자는 최종적으로 제8식인 아뢰야식까지 통과하여 그 본래의 공성(空性)을 자각(自覺)하여야 한다.

· 명상이란 들뜬 마음을 가라앉혀서 자연적인 정화를 이뤄내는 작업이다. 마치 흐린 호숫물이 시간이 지나면서 맑아지면 투명하게 속이 들여다보이는 것과 같이 마음을 깨닫는 작업이다.

· 기도란 소리의 파동을 이용하여 강력한 에너지를 생성시켜서 의식 각층을 투과하여 마음을 깨닫는 작업이다.

· 참선 또한 의념(疑念)에 몰두할수록 강력한 에너지가 형성되고 그 최종 지점에서 일대 폭발 현상이 일어나면서 의식의 각층을 무너트리고 근본의식이라는 공(空)을 체현(體現)하는 것이다.

운명의 원리를 알면 자유가 보인다.

제2장 第二章

태어날 때 운명의 패턴이 주어져 있다.

로또 당첨이 행운일 수도 있고 돈벼락이 될 수 있는 것은 그 큰돈을 소유할 수 있는 힘이 마음속에 있느냐 없느냐의 문제와 연결되어 있다. 현실적으로 돈을 운영, 관리하는 능력의 문제가 아니고 마음속에 그 큰돈을 소유할 힘이 축적되어 있느냐 없느냐의 근원적인 문제인 것이다.

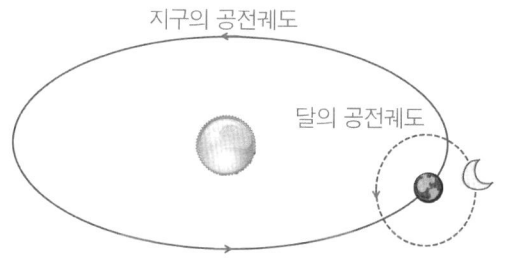
지구의 공전궤도
달의 공전궤도

큰돈이 갑작스럽게 생겼을 때 이를 감당할 수 없는 사람은 마음의 안정을 잃게 되고 그로 인해 자신과 가정을 망가뜨리는 패가망신의 길을 가게 되는 경우를 종종 본다.

큰돈을 소유할 수 있다는 것은 오랜 세월 돈을 축적할 수 있는 피땀 어린 노력의 과정이 있었다는 것이다. 대부는 하늘이 내고 소부는 노력 속에 있다는 말이 있다. 과거 오랜 생 속에서 돈을 축적한 노력의 과정이 있었기에 남들보다 더 쉽게 돈을 축적해 낼 수 있는 것이다.

자신의 무의식 속에 큰돈을 축적해 낼 수 있는 재복(財福)의 씨앗이 프로그램되어 있었던 것이다. 기도의 원리는 어떠한 생각이 지속적으로 반복됨으로 인하여 강력한 에너지의 축적이 무의식 상태에 각인되어 프로그램되어 있다가 시절 인연이 도래하면 현실화되는 것이다.

한두 번의 생각으로 끝나는 것은 현실로 연결되기 어렵다. 창조의 메커니즘은 지속적인 생각이나 행위의 반복으로 무의식에 각인된 내면의 힘이 현실화되는 것이다. 즉, 사념(思念)의 응집 현상이 물질의 질과 양을 결정하게 되는 것이다.

생각의 반복이 → 행동이 되고 → 행동의 반복은 → 습관이 되고 → 습관의 반복은 → 운명을 지배하는 힘이 되어 무의식 속에 프로그램으로 입력되는 것이다. 기도는 무의식에 이미 각인된 정보를 관리하고 또한 필요한 새 정보를 입력하여 자신이 원하는 결과를 현실적으로 만들어 내려고 하는 작업이다.

칼 융의 심리학 이론에 의하면 우리의 의식 구조는 현재의식, 전의식, 무의식으로 이루어져 있다고 한다. 이는 불교의 유식학의 이론과 연관되어 있기도 하다.

인간의 현재의식이란 에너지가 분산되어 있는 영역이다. 마치

그릇 파편처럼 조각조각 힘이 분산되어 있는 것이다. 빛이 프리즘을 통과하면 빨, 주, 노, 초, 파, 남, 보라는 일곱 가지 무지개 색깔로 나뉘는 것과 같다.

이러한 현실은 나와 너, 내 것과 네 것이라는 이분법으로 갈려 분열상을 일으키고 대립 투쟁으로 이어지게 된다.

그러나 의식의 심층부로 들어갈수록 에너지가 하나로써 결집상을 보여주기 시작한다. 그리고 여기서 더 나아가 무의식(아뢰야식)까지 뚫고 들어가게 되면 시간 공간의 별다른 제약을 받지 않는 사념의 파동이 물결처럼 흐르는 차원이 나온다.

외줄 높이뛰기

그러나 아직은 물질적 차원보다 좀 정밀한 차원일 뿐이지 중생의 세계인 것만은 사실이다. 수행자가 백척간두진일보(百尺竿頭進一步)라고 하는 것은 바로 이 차원에서 주어지는 촉구이다.

이 차원에 머물게 되면 신통력을 발휘하여 상대의 마음을 읽고 귀신의 소리를 들을 수 있으며 아픈 사람의 병을 치료할 수 있는 능력이 생기기도 하지만, 그렇게 되면 대부분 귀신노름에 빠져서 혹세무민하다 결국에는 구렁텅이에 떨어지고 만다.

수행자는 육신이 죽어 저승으로 옮겨가듯이 마음이 죽어야 저승까지 벗어날 수 있게 되는 것이다. 바로 그곳이 부처의 자리요 도의 자리라고 하는 것이다. 역학에서는 이 자리를 태극이라

칭하며 육신과 정신, 즉 양과 음이 분리되기 이전의 자리라고 하는 것이다.

> 생명의 근원인 빛의 파동 그리고 시간의 흐름 속에서 펼쳐지는 생명의 몸짓들, 이윽고 죽어, 파도치는 기의 바다로 흘러들어가 윤회의 길로 나아간다. -이것이 중생이다.

남해안 다도해에 가면 수많은 섬이 펼쳐져 있다. 겉에서 볼 때는 섬과 섬 사이가 따로 떨어져 별개로 존재하는 듯한데, 마치 겉모습이 현재의식 상태로 너와 나로 구분 짓고 대립, 투쟁하는 갈등상태로 나타나게 되는 것과 같다.

그러나 바닷물을 다 거둬낸다면 그 수많은 섬들이 하나의 거대한 산맥처럼 이어져 있는 하나의 산에 해당한다는 것을 알 수 있는 것이다. 밖으로 에너지가 나뉘어 분열상의 눈으로 보면 너나가 구분되지만, 에너지를 안으로 집중하여 근본의식으로 들어가면 통일된 하나의 상으로 나타나게 된다.

> 중생은 부처의 성품을 가지고 있지만, 부처는 중생을 지체로 여긴다. 다도해는 산맥의 성품을 가지고 있지만, 산맥은 다도해를 지체로 여긴다. 그러므로 중생은 눈을 밖으로 돌리고 부처는 눈을 안으로 돌리는 것이다. -대인과 소인은 시각차에 있다.

대인은 에너지를 전체적으로 사용하는 법을 아는 사람으로 모든 것을 끌어안고 조화하며, 통일된 안목의 소유자이기 때문에 이러한 마음 상태가 덕망으로 나타나게 된다. 소인은 에너지를 자신만을 위해 사용하다 분열 속에 휘말려 고통을 불러오게 되므로 덕망을 잃게 되는 것이다.

기도자는 에너지의 집중적인 사용을 통해서 시간을 통제하며 마음이 짓는 창조의 메커니즘을 효율적으로 사용하는 사람이다. 오랜 세월 동안 일정한 행위의 반복으로 형성되는 정신 에너지의 실현이 아닌 짧은 시간 속에서 집약적으로 사용되어 원 하는 바 현상을 실현해 내려는 고도의 정신 훈련인 것이다.

이러한 고도로 집중된 에너지를 사용하여 육신과 정신의 벽을 넘어 근본의식을 자각하는 데까지 나아가게 되는 것이다.

운명으로부터 자유로워지는 길

'우리 삶의 방향을 결정짓는 무의식의 작용
을 자각(自覺)하지 못하면 이런 것을 두고 운명이라고 한다.'

- 칼 융(Carl Jung)

융은 우리에게 운명 개척의 비법을 제시해 주고 있다. 그것은
무의식이 우리 생활의 주요한 부분을 결정하도록 작용하고 있
으니 이러한 마음의 메커니즘을 파악하여 무의식의 영향으로부
터 자유로워지게 자각(自覺)하는 작업이 필요하다는 것이다.

그러므로 기도란 자신의 현실을 만들어내는 마음의 메커니즘
으로부터 자유로워지는 길이며, 타고난 숙명으로부터 자신을
지키는 운명 개척의 수행이기도 하다.

부자는 부자대로 가난뱅이는 가난뱅이대로 생활 속에서 반복
되는 숙명 패턴이 프로그램되어 무의식 속에 내장되어 있다. 단
지 우리는 이를 알아차리지 못하고 정해진 프로그램대로 움직
이고 있을 뿐이다. 칼 융은 이것이 바로 운명이라고 하였다. 그
러므로 사람의 생김새가 십인십색이듯 운명의 패턴 또한 각기
다른 것이다.

전생에 지은 업에 따른 프로그램이 일정한 삶의 패턴을 만들
어 자신을 끌어가는 데 아무런 이의 제기도 없이 따라간다면
운명 개척은 요원한 일이 된다.

우리 마음의 희로애락이나 생활 속의 흥망성쇠를 결정짓는 운명의 프로그램을 이해하고 운명을 개척하기 위한 무의식의 심전(心田)의 창조적인 발전을 위한 업그레이드 작업이 바로 기도라 할 것이다. 그러므로 기도란 타고날 때 가지고 나온 각자의 운명 패턴을 이해하고 이를 창조적으로 발전시켜 나가는 운명개척의 훈련인 것이다.

필자는 운명으로부터 자유로워지는 방법으로 자신이 타고난 전생의 이력서인 사주팔자를 바로 이해하도록 하기 위해 도서출판 '맑은샘'을 통해서 《사주팔자》라는 책을 출간한 적이 있다. 이 책을 통해 알리고자 한 것은 전생에 자신이 지은 업력에 따른 일정한 운명 패턴이 타고날 때 결정되어 있다는 것이었으며, 이를 알아차리고 무의식 속에 프로그램되어 있는 업력의 작

수평선

용으로부터 자유로워지는 개운법으로 기도가 필요하다는 점이었다. 지피지기(知彼知己)면 백전백승(百戰百勝)이라는 말이 있다. 삶의 지도와 같은 운명의 정보가 들어 있는 바코드인 사주팔자를 통해서 자신만의 운명 정보를 알아낼 수만 있다면 인생을 지금보다는 훨씬 행복하게 만들어 갈 수가 있을 것이다. 그러므로 운명을 아는 것이 바로 자

신을 알아가는 공부인 것이며, 운명 개척의 길이 바로 기도하는 삶인 것이다.

> 운명이란 돌고 도는 순환의 패턴으로 만들어진다. 자연은 춘하추동하고 하루는 낮밤아침하고 인생은 생로병사하며 순환한다. 해와 달은 돈다. 극소무한대한 원자의 세계나 극대무한대한 천체도 돈다. 이 모든 현상의 저변에는 순환의 패턴이 자리하고 있으며, 우리 앞에 보이는 모든 움직임은 허공 가운데 일어났다 사라지는 뜬구름에 불과한 것이다. 버리고 또 버린 자만이 윤회의 사슬에서 벗어나서 영원한 자유인이 된다.

운명이란 마치 씨알이 싹을 내고 줄기, 가지, 꽃을 피우고 열매를 만들어 내는 것과 같다. 자연이 만들어 낸 창조의 메커니즘을 활용하는 인간의 의지와 노력에 따라서 그 중 많은 사람은 행복한 삶을 살기도 하지만, 거의 대부분 고통의 현실을 허덕이며 살고 있다.

운명의 프로그램이 작동하는 원리를 모르는 대부분의 사람들은 불행한 삶을 살고 있는 것이다. 인터넷에 접속하면 수많은 정보와 지식이 입력되어 있다. 접속자는 자신이 원하는 내용을 검색을 통해서 손쉽게 습득할 수 있는 것이다.

운명이라는 것도 컴퓨터의 운영체계에서 벗어나 있지 않다. 한 번 입력된 정보라도 수정 작업을 통해서 바꿀 수 있듯이 타고난 운명의 프로그램을 미리 읽어내면 기도의 과정을 통해 조절이 가능한 것임을 말씀드리고 싶다.

창조의 메커니즘은 내 생각이든 타인의 생각이든 잠재의식에 하나의 씨로 떨어지게 되면 그에 대한 씨앗의 정보 내용에 따라 어느 시기에 이르면 현실화되어 나타나게 된다.

그러므로 남을 미워하는 것은 나와 상대 모두에게 불행한 씨앗이 되는 것이요, 남을 사랑하는 것은 나와 상대를 행복하게 하는 씨앗이 되는 것이다. 복을 짓든 화를 짓든 뿌린 자가 최종적으로 그 결실을 거두게 되어 있는 것이 자연의 원리이다.

남을 위하여 산다는 것이 결국은 자신을 위해 사는 것이요, 자기를 위해 사는 것은 곧 남을 위해 살아야 하는 길이다. '네 이웃을 네 몸같이 사랑하라', '보시하라', '봉사하라' 하는 '위하여' 사는 정신이 바로 그것이다.

신념(信念)의 마력

"진실로 진실로 네게 이르노니⋯⋯" 예수님은 말씀 전에 진실로 진실로 말씀하신다며 진실을 거듭 강조하셨다. 과연 진실이란 무엇인지 생각해 볼 필요가 있다. 한자의 뜻은 참된 결실이라는 의미이다. 참이란 진리요 원리, 법칙, 질서이기도 하며 이는 변하지 않는 (항상하는)절대적인 것으로 마음의 중심에 관통되어 있는 믿음 그 자체이기도 하다.

쉽게 말하면 콩 심은 데 콩 나고 팥 심은 데 팥 난다는 자연의 진실한 질서에 관한 이야기이기도 하다. 여기서 좀 더 이해를 진전시키면 '말이 씨가 된다'는 차원을 만나게 된다. 불교적으로 표현하면 일체가 마음 곧 생각  으로 만들어진다는 것이요, 성경적으로 보면 '일체가 말씀으로 만들어 진다'는 것이기도 하다.

마음 곧 생각, 말이 운명을 창조하고 일상을 변화시키는 것은 물론 맨 처음 천지와 만물을 만들어 낸 원동력이라는 것이다. 현실적으로 인간이 당하는 행·불행은 마음과 생각, 말의 구체화되는 것이다.

그러므로 예수님이 사용하신 '진실로 진실로 네게 말하노니……'라는 반복적인 언어의 사용에는 강력한 에너지가 들어 있다. 반복적인 마음이나 생각 그리고 언어의 사용은 주술적인 마력을 일으키게 되어 있다. 긍정적이든 부정적이든 강력한 힘이 일어나는 것이 자연의 법이다.

여러분은 종교 집회에서 '주여! 아멘! 할렐루야!'나 반공 집회에서 '때려잡자 김일성 무찌르자 북괴군!', 국가 행사에서 만세 삼창처럼 말을 반복해서 사용하는 것을 알고 계실 것이다.

기도자들이 반복적으로 사용하는 기도문이나 진언, 다라니나 참선하는 스님들이 깨달음을 위한 방편으로 지니는 '화두'라는 것도 반복을 통해서 강력한 에너지가 만들어지게 되어 의식의 각층을 무너트리는 강력한 무기로 작용한다.

반복적인 움직임은 강력한 에너지의 회오리를 만들어 낸다. 회오리라는 돌풍은 주변의 모든 것을 돌풍의 중심으로 흡수해 버린다. 소위 사회적으로 성공했다는 사람들은 자기 뜻을 관철시킬 때까지 초지일관 반복적으로 뜻을 밀고 온 사람들이다.

그런 가운데 돈이면 돈, 학문이면 학문, 권력이면 권력 같은 힘을 자기를 중심으로 모여들게 하였던 것이다. 이러한 힘을 종교에서는 믿음이라 하고 일반에서는 신념이라고 하는데, 작용 원리는 같다. 자연의 원리는 성공을 노래하는 자는 성공을 이루게 해 주고 실패를 노래하는 자는 실패를 하게 해 준다.

다시 말하면 도둑이 신 앞에 나아가 도둑질을 잘 하게 해 달라고 매달려 기도하면 신은 그것을 이루게 해 준다는 말이다. 왜 그러한가? 신이라 표현되는 존재는 법칙, 원리라는 시스템으로 존재하기 때문이다. 그러므로 도둑질한 그 행위에 대한 벌을 받는 대가도 당연히 자기 몫이 된다.

모두 함께 창조하고
조화로운 삶을 살자.

행복한 삶을 사는 자는 자기를 창조하는 삶을 살면서 상대로 하여금 창조적 인생을 살게끔 도와주는 사람이다. 상대로 하여금 자기와 같은 삶을 살도록 요구하는 것은 상대의 창조성을 빼앗는 야만인의 짓으로 서로를 불행하게 만든다.

한 어머니 속에서 태어난 쌍둥이도 삶의 길이 다르며 한 스승 아래에서 수학하여도 각자 길이 달라질 수 있는 것이다. 이 세상을 구제하고 구원한다는 종교 역시도 다른 색깔을 띠는 것을 이상하게 여길 게 전혀 없는 것이다.

우리는 각자의 색깔을 인정하고 서로 조화하며 하나의 무지개를 이루는 화합의 마당을 만들어 가야 한다.

자연이라는 마당에는 일정한 삶의 룰이 주어져 있다. 이 룰은 공평무사하고 절대 평등한 만인을 위한 법으로, 이 룰에서 제외된 사람은 단 한 사람도 존재하지 않는다. 세상이 생긴 이래 단한 번도 이 원칙은 무너진 바가 없다.

지금 세상 도처에서 일어나고 있는 종교적인 갈등, 국가 간 이해의 충돌, 개인 간의 불화, 나아가서는 죽음의 세계의 문제, 신들의 싸움 등 온갖 불협화음이 속출하고 있어도 이에 자비를 주장하는 부처님이 나서는 것을 본 적이 있는가?

아니면 이 세상을 창조했다는 여호와 신이 나서는 것을 본 적이 있는가? 알라 신이나 브라만 신이 나서는 것을 본 적이 있는가? 불상과 십자가, 성모상 앞에 꿇어 엎드려 수천 년을 아우성쳐도 아무 대답 없이 침묵을 지키고 있는 것이다.

왜 그럴까? 왜 그러해야만 하는가? 그 답은 바로 진실의 법칙 때문이다. 이 법은 신이라 해도 부처님이라 해도 간섭할 수 없는 것이다. 창조의 법칙이 그러하므로 신이나 부처님이라 해도 불가침의 대상인 것이다.

이 세상에서 일어나는 것은 신과 부처님과 하등 상관없는 일이다. 생육하고 번성하고 땅에 충만하여 행복을 누리라고 축복을 한 것을 인간 스스로 창조의 법칙을 잘못 이용한 대가로 고통을 사서 살고 있는 것이다.

개인의 운명에서부터 국가사회적인 흐름에 이르기까지 세계의 역사에 신과 부처님은 전혀 간섭하지 않는다. 경기 규칙이나 룰로서만이 존재를 드러내기 때문이다.

살려는 자는 살게 해 주고 죽고자 하는 자는 죽도록 해 주는 창조의 법칙을 당신은 어느 편에 서서 활용할 것인가? '순천자는 흥하고 역천자는 망한다'는 것은 동서고금에서 주장하는 진리이다.

행복을 위한 노래

진언이나 다라니는 천지만물을 탄생시킨 원동력인 기운이 압축되어 있다. 이제 이 원초적인 기운을 사용하여 그동안 밖으로부터 주어진 기준에 맞춰 사느라 지쳐 있는 육신과 정신에 생기를 불어 넣는 기도의 작업이 필요하다.

외부로부터 휘둘림을 당하여 기진맥진한 내 자신을 어루만지며 생기가 충만하게 보듬어 줄 시간이 필요한 것이다. 현실적으로 보면 부족한 부분이 많은 내 자신이지만 내부적으로 보면 이 세상 그 무엇과도 바꿀 수 없는 존엄한 내 자신이요, 그 누구도 내 자신을 대신하여 삶을 살아 줄 수 없는 유일무이한 자신인 것이다. 뿐만 아니라 내 자신을 대신하여 죽어 줄 사람도 이 세상에는 없다.

이러한 내 자신을 부처님은 천상천하유아독존(天上天下唯我獨尊)이라 하셨으며 예수님은 독생자(獨生子)라고 하셨다. 이제 행복으로부터 내 자신을 멀어지게 하는 밖으로 비교하고 밖으로부터 주어진 기준에 맞추어 살아가려는 태도를 잠시 동안이라도 멈추고 내면의 내 자신을 사랑해 주도록 노력해 보자.

그것이 내 자신이 행복하게 사는 길이기 때문이다. 그러므로 기도란 내 자신의 행복을 위한 노래인 것이다. 그리고 당신이 하는 일들이 행복하다고 여겨질 때 그것은 기도가 될 것이다.

안과 밖으로 부터의 혁명

　　온갖 생각들을 멈추면 비로소 전체로 통하는 길이 열려서 그 길을 따라 흐르게 된다. 그것이 바로 산은 멈추고 물은 흐르고 있다는 '산은 산이요, 물은 물'인 것이다. 외부로 향하는 관심과 그리고 외부에서 내부를 강제하는 어떠한 영향에서든지 자유로운 마음이 되어야 마음이 행복하게 된다.

　인간의 외부의식이나 내부의식인 무의식까지도 하나의 거대한 힘이 되어 자기 자신의 진짜 모습을 왜곡시키고 있는 것이다. 그것이 설사 공의(公義)로운 생각이라 해도 본래의 의도와는 상관없이 충돌이 일어나게 되어 있는 것이다.

　　　　　　　　　　입으로는 평소에 선을 부르짖는다 해도 때로는 자신과 색깔을 달리하는 상대를 적으로 규정하며 선의 이름으로 강제하는 모순된 광기가 발동하게 되는 것이다. 아무리 도덕적으로 고상한 경지를 추구한다 해도 이에 반작용을 불러오게 되어 있는 것인데, 이러한 현상은 이 세상이 굴러가는 음과 양이라는 상대성으로 움직이는 기본 패턴 때문이다.

　그래서 수천 년 동안 성인의 가르침이 전파되고 있지만 예나 지금이나 앞으로나 하나도 다름없이 갈등과 폭력과 전쟁이 일어나게 되는 것이다. 이러한 이해 가운데 스스로 자신이 소유 개념을 내려놓고 비운 자가 되지 않으면 개인이나 사회의 행복 은 강 건너 남의 이야기가 될 뿐이다.

그러므로 부처님은 외부의식이나 내부의식인 무의식의 작용 력까지도 넘어서야 비로소 행복에 이를 수 있다고 진실의 말씀 을 하고 계신다. '버리라', '소유없음' 이라는 강조가 바로 것이다.

외부에서 주어지는 목표나 기준은 영
원히 도달 불가능한 과제로 남는다. 마치
천만 원을 모으면 얼마나 좋겠는가 하고
생각하는 사람이 막상 천만 원을 모으고
나면 다시 1억을 모으고 싶다는 욕구가
일어나서 목표지점이 이동해 가는 것과
같다. 그래서 인간은 한 평생 욕구에 의
해 하루하루를 이끌려 가는 욕망의 덩어리인 것이다.

지적인 욕구도 마찬가지다. 욕구라는 것은 갈수록 눈덩이가 뭉쳐서 굴러가듯이 커져만 가는 것이다. 결국 인간은 자기만족 을 하지 못할 기준을 쫓아서 나가다 지쳐서 무력감에 떨어지게 되어 있다. 세상을 살아가다 보면 어느덧 몸은 병들어 가고 마 음은 상처투성이가 되어 버린다.

그래서 몸은 자연 약을 찾게 되고 마음은 구원자를 찾게 되 는 것이다. 문제는 약이 필요하다 하여 자꾸 약을 복용하면 결국은 약에 중독되어 약 없이는 몸의 고통을 잊을 수 없는 중독 상태에 빠져버리게 되니 이제는 약이 몸을 끌고 가는 구세주가 된다.

지치고 상처 입은 마음을 위로받고 희망의 생기를 얻기 위해서 부처님이나 신을 찾지만, 결국 부처님과 신에 중독되어 부처님이나 신 없이는 자신을 지탱할 수 없는 무기력증에 빠져버리고 만다. 약 이전의 건강과 신불(神佛) 이전의 자기 마음을 회복하지 못한 채 한 많은 생을 마감하게 되는 것이다.

기도란 몸과 마음이 병들어 약물이나 신불에 의존하여 중독되기 이전의 건강한 자신의 상태를 회복 시켜주는 진정한 구세주인 것이다. 외부 활동으로 얻어진 모든 지식과 정보 그리고 수많은 경험과 감정들의 횡포에서 벗어나서 진정으로 마음의 평안을 이루고 대휴식의 행복을 누리게 되는 방법이 바로 기도인 것이다.

살아생전 몸과 마음 가운데 수 없이 끌어모아도 행복하지 못한 움직임을 잠시 멈추고 행복의 노래인 진언, 다라니를 불러서 진실한 자신을 발견해 보도록 하자.

성냄을 다스리는 방법
「물이라는 어둠의 성질이 불이라는 욕망의 에너지를 소멸시킨다.」

노자의 《도덕경》에 '지극한 선은 물과 같다'는 뜻의 상선약수 (上善若水)라는 말이 있다. 항상 낮은 데로 흘러가면서 다툼이 없고 이롭게만 하는 물의 덕성을 깨달아 우리의 삶도 물처럼 살아가는 것이 바로 최고의 선행이라는 것이다.

탈레스는 우주의 근원적인 제1의 본질을 물(水)이라고 하였다. 동양의 자연관에서는 오행에서 물이 만물탄생의 시초라고 하고 있다. 성경은 신이 천지와 만물을 창조 하실 때에 '물위에서 운행'하셨다고 말하고 있다.

어둠속의 빛

인간 탄생의 시초 역시도 정자와 난자 가 결합하여 빛 한 점 들지 않는 어둔 자 궁 안 양수 위에 둥둥 떠 있는 것을 알 수가 있다.

어둠이란 외부 세계의 형형색색의 찬란한 형상들과 이에 상관 되어 이루어지는 의식 활동을 칠흙 같은 심연 속에 묻어버리는 것이다. 어둠 속에서는 문자나 언어의 사용은 중지된다.

불(火)이란 어둠 속에 묻힌 모든 것을 드러나게 하는 욕망의 에너지이다. 어떤 사람이 당신에게 화(火)를 내면서 감정을 자극 한다면 당신은 즉각적으로 화(火)를 일으키며 반응할 것이다.

이때 잠시라도 눈을 지그시 감은 상태에서 물이 상징하는 색 깔인 어둠을 상상한다면 화(火)는 죽게 되어 있다. 수(水)의 에너지는 일체의 모든 물질적 정신적인 에너지를 빨아들이는 진공(眞空) 상태와 같다.

그러므로 상대방이 당신의 기분을 자극하여 당신 안의 화(火)의 에너지를 충동시킬 때 잠시 눈을 감고서 당신 안의 깊은 어둠이 깔린 허공을 상상해 보라. 그리하면 화의 기운은 온데간데없이 자취를 감추게 될 것이다.

어느 집이 불길에 휩싸이면 119소방대원들이 출동해 소방 호수를 연결하고 물을 뿌리기 시작한다. 불을 잡는 것이 물이기 때문이다.

온갖 번뇌, 망상이라는 욕망의 에너지가 불처럼 일어나면 물[水]이라는 어둠과 죽음의 성질을 이용하면 쉽게 욕망을 소멸시킬 수가 있다.

그러므로 물의 상징인 어둠은 천지만물이 생겨나기 이전의 청정한 본성으로 우리를 인도하는 방편이 된다. 참선하는 선사가

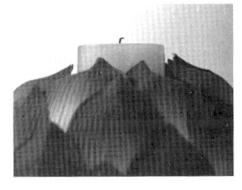

제자에게 '너의 부모미생전(父母未生前)의 본래면목(本來面目)이 무엇이냐?'라는 질문을 던지는 것도 이 때문에 생겨난 것이다.

이 한마디에 온갖 생각들이 더 이상 날뛰지 못하고 멈추게 되는 것이다.

진짜 방편은 이제부터이다. 바로 무명(無明)을 마주 하는 것이다. 무명은 빛과 그림자라는 상대성을 흡수해 버린 근원으로 태

극의 본성이요, 불심 그 자체이다. 성경
은 이를 첫째 날 빛을 창조하기 이전의
흑암이라는 어두운 상태라고 묘사하고
있다. 신은 빛이다. 그러나 이는 빛과 그
림자라는 상대적인 개념을 넘어선 본질
적인 빛이다.

빛과 어둠

　우리가 육안으로 보는 빛은 어디서 나온 것인가? 그 근거는
어둠이다. 빛은 어둠 속에서 나왔다가 다시 어둠 속으로 사라지
는 것이다. 그러나 어둠은 나온 곳도 없고 들어갈 곳도 없는 근
원적인 것이다.

　빛은 빛과 그림자라는 상대성으로 존재하지만 어둠은 본래부
터 탄생과 죽음으로 나누어지지 않는다. 근원적인 '어둠의 빛'이
다. 그래서 '생각 없는 밝음'으로써 무명(無明)인 것이다.

　알아야 할 것은 어둠은 빛의 상대적인 개념이 아니라 빛과 그
림자라는 상대성이 생기기 이전의 절대적인 상태라는 것이다.
이를 불가에서는 진공 상태로 일체의 모든 개별성을 빨아들이
는 존재로 보아 전체성이라고 한다.

　본질은 불생불멸(不生不滅), 불구부정(不垢不淨), 부증불감(不增
不減)으로, 법의 공한 모양은 나지도 않고 없어지지도 않으며 더
럽고 깨끗함도 없고 늘어나거나 줄어드는 일도 없다는 뜻으로

동시에 중도(中度)를 의미하는 것이다.

이치가 이러할진대 생각을 쫓아서 마음이 움직임으로 인하여, 즉 인간의 의지가 개입함으로 탄생과 죽음이라는 윤회가 시작되는 것이다.

그러므로 만물의 본래 고향인 '죽음'으로 돌아가 영원한 위안과 안락을 누리기 위해서 기도의 방편을 활용하는 수행이 필요한 것이다. 그래서 진정으로 자기 자신의 무명(無明)함을 자각하는 데까지 나아가야 한다.

나의 꽃밭을 돌아보다.

일상의 모든 생각이나 말과 행동 등은 기억이라는 꽃밭에 씨로서 뿌려지게 된다. 그리고 이는 미래의 자신

이 만나게 될 삶의 환경이 되기도 한다. 불교의 핵심 가르침은 '일체유심조화' 즉 오직 마음(생각)먹는 대로 현실화 된다는 것이다.

이렇게 삶이 창조되는 원리를 이해하고 활용하면 자신에게 맞는 맞춤형 운명을 만들어 낼 수가 있게 된다. 여기에 '기도'라는 방법이 있다. 일정한 리듬을 타고 단순한 구절을 반복하게 되면 마음의 여러 층을 뚫고 무의식속에 강력하게 각인되어 뿌리를

내리게 된다.

어떠한 내용을 입력하느냐가 곧 어떠한 삶을 만들어 내느냐의 길이다. '관세음보살' '지장보살' '신묘장구대다라니' '그리스도' '할렐루야' '사랑' '행복' 등 어느 것이든지 상관 없다. 그렇지만 '악마' '죽음' '미워' '저주' 등 부정적인 단어를 사용하면 자신이 그러한 저주를 받게 된다.

당신의 삶의 꽃밭에는 어떠한 꽃들이 피어 있는가? 행여 원하는 꽃이 있다면 지금 심으면 된다.

부모님의 꽃, 남편의 꽃, 아내의 꽃, 자식의 꽃, 형제의 꽃, 친구의 꽃, 이웃들의 꽃들을 둘러봐 보기 바란다. 이 꽃들은 당신이 꽃밭에 언젠가 뿌려던 씨들이었다.

하나를 알아서 만 가지를 안다.
"부처님이 대중 가운데서 연꽃 한 송이를 들어 보이시니 제자 가섭이 이를 보고 얼굴에 미소를 띤다."

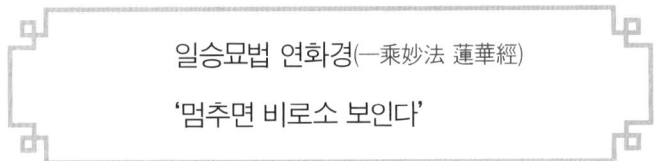

일승묘법 연화경(一乘妙法 蓮華經)

'멈추면 비로소 보인다'

부처님은 꽃 한 송이로써 화두를 들어 보이신 것이다. 그 순간 제자 가섭은 '이 무엇인고?'라는 의문이 일어난 것이 아니다. 꽃

한 송이를 들어 보이시는 부처님의 마음이 되어 버린 것이다.

묻고 답하거나 무엇을 묻고 그에 대하여 답을 궁리하는 것은 학습 과정에서나 있는 것이지 개체성이 사라져 버리고 전체적인 안목이 열린 제자 가섭의 눈에는 수많은 연꽃 중 한 송이로 보이는 것이 아니다.

하나의 티끌 속에 우주가 들어 있다는 법성게의 말씀처럼 그 한 송이 연꽃이 바로 우주 그 자체의 소식을 전하고 있었던 것이다. 우리말에 지성이면 감천이라는 말이 있다.

초지일관한 마음이 어느 극점에 이르게 되면 그 마음을 발한 시발점으로 되돌아오는 응답현상(廻光返照)이 발생하게 된다.

이를 옛사람들은 지극한 정성심에 하늘이 감동한 것이라고 하였다. 마음이 여기저기 옮겨 다니는 것이 아니라 한 뜻, 한 지점, 한 대상에 멈춰 있으면 이윽고 놀라운 변화가 일어나게 된다. 마치 작은 소체가 에너지로 전환될 때 엄청난 폭발력을 발휘한다거나 또는 쏟아져 내리는 햇빛을 돋보기로 잡아서 한 지점에 모으면 뜨거운 열이 발생하는 것과 같은 이치이다. 마음이 바람처럼 이리저리 흘러다님을 멈추고 한 대상에 머물면 이윽고 그 대상 속으로 들어가서 그 대상 자체가 되어 버린다. 부처님이 들어 보이신 연꽃을 제자 가섭이 바라보는 순간 가섭은 연꽃 자체가 되어 버린 것이다. 이것이 바로 관세음(觀世音)의 경계인 것이다.

이곳저곳을 돌아다니며 많은 경치를 구경하는 것으로는 그 중 어느 하나도 제대로 알 수가 없다. 마음을 하나의 대상에 집중하여 자신의 에너지를 쏟아부어야 한다.

그것이 지장보살이나 관세음보살 또는 진언이나 어떠한 다라니라도 상관없다. 진정한 구경(究竟: 본질을

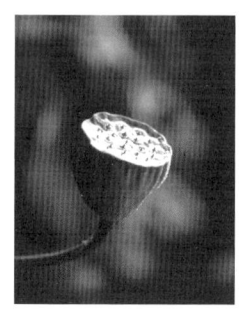
씨앗

연꽃

궁리)이 되고 관광(觀光: 본질을 바라봄)이 되려면 하나를 정해서 그곳에 정신을 몰입해야 한다.

마음이 바람처럼 이리저리 흘러다님을 멈추고 한 대상에 머물면 이윽고 그 대상 속으로 들어가서 그 대상 자체가 되어 버린다. 부처님이 들어 보이신 연꽃을 제자 가섭이 바라보는 순간 가섭은 연꽃 자체가 되어 버린 것이다. 이것이 바로 관세음(觀世音)의 경계인 것이다.

이곳저곳을 돌아다니며 많은 경치를 구경하는 것으로는 그 중 어느 하나도 제대로 알 수가 없다. 마음을 하나의 대상에 집중하여 자신의 에너지를 쏟아부어야 한다.

그것이 지장보살이나 관세음보살 또는 진언이나 어떠한 다라

니라도 상관없다. 진정한 구경(究竟: 본질을 궁리)이 되고 관광(觀光: 본질을 바라봄)이 되려면 하나를 정해서 그곳에 정신을 몰입해야 한다.

만약 당신이 지장보살(관세음보살이나 진언이라도 상관없다)을 염송한다고 가정해 보자. 처음 당신은 지장보살 네 자를 발성하게 될 것이다. 그리고 그 소리를 듣게 될 것이다.

당신은 발성을 하면서 동시에 발성되는 소리를 지켜보게 될 것이다. 자기가 자기의 움직임을 지켜보는 것이다. 마치 굶주린 고양이가 쥐를 노려보듯이 한 시도 쥐의 동태를 놓치지 않을 것이다. 이렇게 되면 당신의 마음의 흐름은 꼼짝없이 독 안에 든 쥐 신세가 되어 버린다.

일정한 리듬 속에 염송되는 지장보살 네 자가 온갖 잡생각이 한 발자국도 움직일 수 없는 상태로 몰아가게 된다. 물론 처음

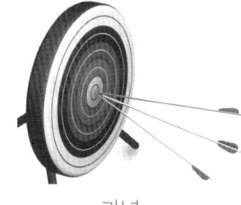
과녁

에는 입으로는 지장보살을 찾지만 순간 순간 마음으로는 온갖 잡생각에 끌려갔다 돌아옴을 반복하게 될 것이다.

그러나 너무 염려치 않아도 된다. 머지 않아서 반복된 훈련의 힘이 세지고 잡생각은 효과적으로 다스려질 것이다. 지장보살 네 자에 집중되는 힘이 강해지면서 지장

......

정신일도 하사불성(精神一到 何事不成): 정신을 모으면 이루지 못할 것이 없다. 금석가투(金石可透): 금이나 바위처럼 단단한 것도 뚫게 된다.

보살을 염불하고 그 소리에 집중하는 가운데 틈이 더 이상 벌어지지 않게 된다.

염불 소리에 집중된 마음이 끊어지지 않고 지속되면 더 이상 지장보살이나 관세음보살이라는 의미는 존재하지 않는다. 오직 소리의 파동이 회오리가 되어 자신을 녹이고 우주 공간에 가득 차서 울림이 메아리치게 된다.

이것이 바로 회광반조(廻光返照)의 현상으로, 스스로를 깨닫게 하는 작용인 원광(圓光)이다.

마치 빈 종을 때리면 즉각적으로 종소리가 울려 퍼져 나가는 것과 같다. 지장보살 염불 소리(파동)에 나라는 개체는 사라져 버린 것이다.

그러므로 염불 소리에 마음이 집중되어 한 치도 빈틈이 생기지 않으면 통일된 에너지가 소리를 맨 처음 발한 자신의 마음 중심을 파고들어와 개체성을 해체시키고 적연부동(寂然不動)* 한 침묵(沈黙)만이 존재한다.

집중의 힘은 기도자를 깨어 있게 하며 외부나 내부의 어떠한 개입에도 꺼들리지 않게 한다. 기도자가 관세음보살이나 지장보살을 염송한다든지 참선자가 화두를 들고 끝까지 나아가는 것

* 적연부동(寂然不動): 외부에 아무런 동요 없이 고요하다.

이 바로 이 때문이다.

이를 반야심경에서는 구경열반(究竟涅槃)*이라 하였다. 화두이든 염불이든 궁리의 마지막 끝점에 가서는 개체성이 사라져 버려서 더 이상 밖에서 들어오는 간섭이나 의식 안에서 나오는 간섭에 꺼들리지 않는다는 것이다.

나는 누구인가?

'나'라는 '에고'는 움직임이 없는 침묵 속에서는 존재하지 않는다. 마음이 한 곳에 머물면 생각 또한 멈추게 된다. 사고의 흐름은 끊어져 버리는 것이다.

마음이란 하나의 운동성을 갖고 움직이다 그 운동이 정지되면 사고 작용도 멈추게 된다. 이러한 속에서는 인연에 의해 만들어진 것들은 아무 의미를 갖지 못하게 된다. 의식의 커튼이 거두어진 상태에서는 개체성은 사라져 버리게 된다.

법당을 향하여

온갖 생각이 일어나고 사라지는 것을 반복하고 있을 때만이 '나'라는 것이 있는 것처럼 여겨지는 것이다. 그러나 생각을 '멈춤' 침묵 상태에서는 의식은 작동하지 않고 오직 관세음(觀世音)
......

*구경열반(究竟涅槃): 모든 번뇌를 완전히 소멸시키고 최상의 깨달음을 얻은 경지.

51

만이 세상사의 움직임을 그대로 비추어 내고 있을 뿐이다.

본질적으로 볼 때 인간 육체나 영혼 같
은 개체적인 '나'는 더 이상 존재하지 않
는다. 그러므로 개체적인 영혼의 윤회도
존재할 수 없다.

금강경에서 말하는 아상인상중생상수
자상(我相人相衆生相壽者相)은 본래부터
존재하지 않는 것이다. 여기서 아상이란 '에고'를 말한다. 경험과
교육이라는 반복 훈련을 통해서 축적된 지식, 여러 경로를 통해
서 내 마음 한 구석에 모아 놓은 정보 등에 대한 기억으로, 이는
과거의 산물이다.

과거 생에서부터 어머니의 모태에 머무는 동안에도 그리고 이
세상에 태어나 현재까지도 '끌어 모음'은 계속되고 있다. 텅 빈
마음의 구석진 곳에는 온갖 것들이 쌓여 있으면서 가상의 마음
을 만들어 낸 것이다. 이러한 가상 속 마음의 힘이 에고, 즉 '나
는 존재한다'라는 착각을 일으키게 하는 것이다.

나의 내면에는 하나의 점도 찍혀 있지 않고 '이것은 이것이다'
라고 특정 지을 수 있는 것은 하나도 존재하지 않는다. 사람의
겉모습을 몸이라고 한다. 몸이란 '모음=모으다'로써 현재를 끌어

모아서 과거화한 내면의 구조물이다.

이윽고 내면의 수많은 생각의 힘들이 동원되어 물질적인 옷을 입혀서 외부로 구체화하는 행동으로 옮겨지는 것이다. 이것이 하나님의 계명을 어긴 원죄(原罪)이며 업장(業障)이라고 하는 것의 정체이다.

인생이란 끊임없이 현재를 과거화하며 과거의 힘에 이끌려 살아가고 있는 것이다. 새로운 사실을 접할 때 잠시 기쁨의 탄성을 지르며 그것에 빠져들지만 머지않아서 현재의 과거화라는 습관이 발동하여 구태의연함에 식상해지고 그래서 그것으로부터 멀어지려고 새로운 것을 찾아 나서게 된다.

이러한 심리기전을 알아차린 소수만이 착각의 굴레에서 벗어나며 대부분의 사람들은 만족을 모르는 탐욕스런 인간으로 고통의 쇠사슬을 벗어나지 못하고 살아가는 것이니.

탄생불

그래서 사람은 누구나 바람을 피우려는 심리를 가지고 산다. 단지 주변의 시선을 의식하고 조심할 뿐이다. 작은 평수의 아파트에서 큰 평수의 아파트로 이사 가고 싶어 하는 마음이 바로 바람의 심리이다. 천만 원 모으면 다시 이천만 원을 모으고 싶어지는 것도 같은 원리이다.

사람의 생각은 한 곳에 정착하지 못하고 끝없이 움직여 나아가게 되어 있다. 그러나 여전히 안정하지 못하고 불행한 삶을 이어가고 있을 뿐이다.

기도

부처님은 말씀하신다. 아상(我相), 인상(人相), 중생상(衆生相), 수자상(壽者相)은 착각에서 일어나는 허상이라는 것이다.

기도의 방편으로 '나무아미타불'을 염송하기로 정했다면 처음에는 하나의 가사를 일정한 곡조에 맞춰서 반복하는 것이 된다.

하나의 가사라고 할 때에는 하나의 가사가 독립된 개체로 존재하는 것으로 생각할 수 있다.

그러나 반복해서 '나무아미타불'을 외워 나간다면 하나의 가사가 전체 곡조를 이루며 독립된 개체들이 하나로 연결되면서 전체가 된다. 과거, 현재, 미래가 하나로 이어지고 상하, 전후, 좌우의 방향이 중앙이라는 자리 속에 녹아들어오게 된다.

'나무아미타불' 속에는 지금까지 축적해 나온 경험, 지식, 정보들이 더 이상 움직여질 수가 없다.

꿈에서 깨어난 나는 더 이상 꿈속 이야기로 끌려들어가지 않게 된다. 꿈은 꿈에서 깬 나를 지배할 수 없기 때문이다. 여기에는 더 이상 '나는 존재 한다'라고 할 나는 존재하지 않기 때문이다.

이제 과거의 산물과 자신을 동일시하여 자신 앞에 다가왔다 멀어지는 것이 수없이 반복된다 해도 항상 새롭고 맨 처음과 같은 놀라움과 기쁨을 느끼게 되는 것이다. 항상 처음처럼 생명의 환희를 느끼는 것으로, 이를 여여(如如)* 하다고 표현한다.

항상 보던 그 얼굴을 또 본다고 지겨워서 새로운 애인을 찾아서 이곳저곳을 기웃거릴 필요가 없어진다. 과거의 기억력이 더 이상 현재 이 순간을 벗어나게 영향력을 미치지 못하게 된다. 그래

서 부처님이 '마음을 현재에 멈추고 거기에 머물라'고 말씀하신 것이다.

기도는 마음을 현재에 머물게 하여 과거의 기억들과 동일시하는 가공된 '나'로부터 벗어나서 가공된 '나'를 초연히 바라보게 해 줄 것이다. 이렇게 깨어난 의식은 가공된 '나'를 아무런 집착 없이 적절하게 사용하게 될 것이다.

금강경에서 말하는 '응당 머무는 바 없이 생각들을 사용한다'는 것이 그것이다. 그러므로 본래부터 '나'는 없었고 기도를 통

......

* 여여(如如): '일체가 그러하듯 이와 같다'라는 뜻으로, 여래심(如來心)을 뜻하며 사려분별을 일으키지 않는 본래 그대로의 통합된 모습.

해서 확인되게 될 '나'도 없다는 것을 깨닫게 해 줄 것이다.

 '나'가 없는데 '나'들의 집합이 어디에 있겠는가? 사상(四相: 我相, 人相, 衆生相, 壽者相)의 모래 탑은 진리의 바닷물에 허물어져 바다속으로 영원히 사라져 버리는 것이다.

 그러나 현실로 돌아와서 살펴볼 때 여전히 우리는 음과 양이라는 상대적인 분열 속에서 어느 한 편에 마음을 두고 살아가야 하는 중생계의 흐름에 따라 갖가지 인연들에 꺼둘리며 고통 속에서 살고 있다.

 그래서 영어의 ABCD를 논하듯이 이해를 확장해나가는 데 속도 조절이 필요한 것이 사실이다.

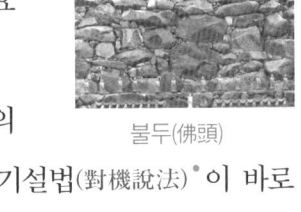

불두(佛頭)

 부처님이 이치를 설명하실 때 상대의 수준이나 형편에 맞게끔 하셨다는 대기설법(對機說法)*이 바로 그것이다.

영원한 생명의 문!
자신만이 열 수 있다.

 기도는 진실에 이르는 길을 열어 주며 진정으로 내 자신을 깨닫게 하는 방법이다. 또한 종교적 신비와 철학적

......

* 대기설법(對機說法): 사람을 보고 법을 설하는 것. 가르침을 받는 자의 소질에 적당한 가르침을 설하는 것.

의문 덩어리인 인간의 정체를 자각하게 하는 길이기도 하다.

그러므로 철학적 사유나 종교적 신념, 도덕적인 품위나 생활 규범 따위는 고려 대상이 되지 않는다. 남의 집이 아닌 내 집에 들어가는데 통과의례가 있을 수는 없다. 그냥 비밀번호를 누르거나 열쇠로 잠긴 문을 열고 들어가면 되는 것이다.

기독교인도 나무아미타불 노래를 할 수 있고 불교인도 할렐루야를 외칠 수 있으며 알라 알라를 외칠 수 있는 것이다. 성인의 가르침이 '참나'를 알게 하는 테크닉으로 사용되는 단계에서는 신념이나 이념 따위는 아무런 의미를 갖지 않는다.

인간이 외부에 꺼둘려 살아가는 동안은 신념, 가치관, 풍습, 규범, 신분, 능력, 학벌, 재산 등을 따지게 된다. 그러나 기도는 이러한 모든 조건을 의식하며 긴장하거나 상대를 의식할 필요가 조금도 없다.

요구되는 것은 오직 하나의 방편 속으로 내 자신의 마음을 쏟아 넣는 것이다. 그때에만이 일체가 그 방편 속으로 흡입되어 들어오게 된다. 그리고 방편은 더 이상 방편이 아닌 전체인 자기 자신이다.

그 방편이 지장보살이나 관세음보살이든 그리스도나 할렐루야든 아니면 수승한 근기들이 수행의 방편으로 든다는 화두(話

頭)이든 아무런 상관이 없다.

자기 스스로 길을 열고 자기 스스로 진리를 실천하여 자기 스스로 영원한 생명을 확인하면 그만인 것이다. 그렇게 하기가 겁이 나서 지금까지 길들여진 대로 사는 것도 자기 맘인 것이다.

자신이 무지하다는
사실을 알아야 한다.

당신에게도 이 말을 적용할 수 있다면 그러한 당신은 적어도 가식의 탈을 벗고 진실한 자신에게로 돌아가려는 마음을 가진 사람이라 할 것이다.

무식하면 용감하다는 말이 있다. 모르기 때문에 온갖 형용사로 치장하게 되는 것이다. 그러나 진실을 아는 사람은 그저 웃을 뿐이다. 마치 부처님께서 대중 가운데서 꽃 한 송이를 들어 보일 때 가섭이 미소로 응답하듯이 진실(진리)을 이야기하는 데에는 많은 말이 필요 없는 것이다.

남의 호주머니 속에 있는 돈을 빌려서 쓰려면 쉽지 않다. 그러나 자기 지갑 속에 넣어둔 돈은 자기 마음대로 쓸 수 있다. 남의

문고리

손 안에 있는 행복을 자기 것으로 만드는 것은 어렵지만 자기 안에 있는 행복을 느끼는 것은 자기 마음에 달려 있다.

행복은 소유(정신적, 물질적) 개념을 가지고는 누릴 수 없으며 오직 마음이 순수한 사람만이 누릴 자격이 있는 것이다. 그러므로 현명한 사람은 순수함을 생명으로 여긴다. 모든 삶의 영역에

법당 문

서 순수함이 배제된 인간관계라는 것은 마치 모래 탑과 같은 것으로 미풍에도 무너지고 흩어지게 된다.

아버지와 자식, 남편과 아내, 형제자매, 상사와 부하, 동료나 친구 사이에 순수함이 없다면 그 속에는 행복이 떠나고 없는 것이다.

지적인 사람은 알면 알수록 아는 것이 초라하다는 것을 알고 지혜로운 사람은 순수해질수록 지적인 한계를 깨닫고 현명하게 되는 것이다. 그러므로 순수함을 통해 행복에 이르기 위하여 기도가 필요한 것이다.

보살은 우주를 품은 어머니

보살이란 지혜를 추구하며 이웃들의 삶의 고통을 함께 해소해 가는 행동하는 양심인 수행자를 칭한다. 불교는 이에 대하여 상구보리(上求菩提), 하화중생(下化衆生)이라고 표현한다.

한편으로는 유교의 군자나 사회를 지도해 가는 행동하는 지성인들이라고 말할 수 있다. 보살은 주로 여성성으로 나타나는데 이는 여자만이 생명을 잉태하고 길러낼 수 있기 때문이다.

자신의 몸을 대지의 여신인 땅속에 묻었다는 뜻을 지닌 지장보살(地藏菩薩)이라는 명칭 또한 그러하다. 모성이란 전체적인 수용성을 상징하기도 한다.

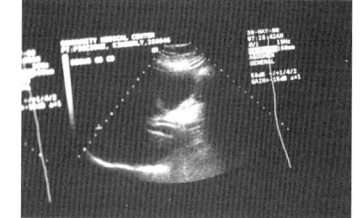

태아 사진

아이를 밴 여성이 자궁 안에 들어 있는 태아를 자신의 일부로 받아들이는 것이 아니라 자신과 똑같이 여기는 것이다. 모성은 전체적으로 '받아들임'이요, 부분을 떠나서 전체가 되는 것을 의미한다.

자연에서 허공이란 만물을 그 가운데 품고 있는 여성의 자궁과 같은 것이다. 만물들은 허공 가운데 한 점의 뜬구름처럼 일어나 잠시 머물러 있다 마침내 연기처럼 사라지는 것이다.

우리의 본래 마음 또한 이처럼 허공과 같이 텅 비어 있어서 한정지을 수 없다. 한정 짓는다는 것은 일어남이 있고 사라짐이 있는 것을 의미한다.

그러므로 정신적, 물질적인 모든 현상이란 영원한 것이 아니며 오직 한정지을 수 없는 것만이 영원한 것이다. 당신의 주변이 온통 하얀색이나 검정색 같은 하나의 색깔로 도배된 공간이라고 가정해 보라! 그렇다면 당신은 어느 곳에도 시선을 고정할 수 없게 된다. 이 상태에서는 집착하는 마음이 일어나지 않는다.

하나의 색으로 전체를 이루었기 때문에 당신 의식 또한 어느 하나에 초점을 맞추지 않고 전체 속으로 들어가게 되고, 전체는 특정한 부분에 초점을 두지 않는 전체적이 된 의식 속으로 빨려 들어오게 된다. 허공은 텅 비어 있다.

그 텅 빔 속에 일체의 만물이 빨려들고 녹아들어있는 것이니 색(色: 물질)이 곧 공(空: 비물질)한 것이 된다. 그리고 공(空) 또한 색(色)이니 유(有)·무(無)의 상대성이 사라진 전체적인 하나만이 존재할 뿐이다.

어디에도 경계가 없으므로 만물을 품을 수 있고, 땅은 수레

소용돌이치는 우주

가 물건을 싣고 굴러가듯 자신의 몸으로 만물을 실을 수 있는 것처럼 인간 의식의 경계가 무너지면 허공(허공장虛空藏)이나 땅(지장地藏)이 되어 개개의 만물이 자신의 품안에 놓여 있는 것을 알게 된다.

자신이 만물을 품고 길러내는 우주의 자궁이라는 사실을 깨닫게 된다. 기도하는 당신 앞에 무한대한 세상이 기다리고 있다.

불교에서 여래(如來)라는 말이 있다. 기도를 하게 되면 당신의 의식은 커다란 변화를 겪게 된다. 마음이 어느 한 부분에 머물고 집착하는 것으로부터 벗어나 모든 것이 마음속에 드러나고 사라지는 것을 알게 된다.

의상대사의 법성게(法性偈)

"一中一切多中一, 一卽一切多卽一, 一微塵中含十方, 一切塵中亦如是, 無量遠劫卽一念, 一念卽是無量劫……"

하나 가운데 모두 있고, 모두 가운데 하나 있어, 하나가 곧 전체이고, 전체가 곧 하나이니, 한 티끌 작은 속에 세계를 머금었고, 낱낱의 티끌마다 우주가 다 들었네, 한없는 긴 시간이 한 생각 일념이고, 찰나의 한 생각이 무량한 긴 겁이니……

마치 허공 가운데 만물이 생겼다 사라지고를 반복하는 것처럼 말이다. 만물과 더불어 생겼다 사라지고를 반복하는 입장이 아니라 전체가 되어 버린 당신의 마음 가운데에서 만물이 인연따라 다가왔다가 멀어져가는 것을 알 수 있는 것이다.

이제 더 이상 당신은 어느 한 부분에 얽매어 꺼둘리지 않는다. 전체가 되었기 때문이다. 몸은 비록 물리적인 법칙을 따르며 제

약된 삶을 살지만, 마음은 더 이상 한정되어 머물지 않는다.

사랑이란 '위하여' 사는 것이다.

그리스도는 사랑이시다. 말 마구간이라는 낮은 자리로 태어나서 십자가에 매달려 죽어 가시는 마지막 순간까지 인류에 대한 사랑의 기도를 이어가셨다.

그리스도에게는 '나'가 존재하지 않는다. 신이요, 사랑 자체가 된 것이다. 거기에 인간 예수는 존재하지 않는다. 태어남에서 죽음에 이르기까지 그의 전 행적에 인간 예수의 모습은 없다.

오직 신이 이 땅에 와서 귀신에게 시험을 당하며 무지한 사람들에게 핍박을 당하면서 '나'가 사라지고 사랑의 화신이 된 분으로 신의 이야기(진리)를 하다 가신 것이다. 성경은 이에 대하여 "말씀이 육신화되어 우리 가운데 거하시니 그 은혜와 진리가 충만하더라"라고 기록하고 있다.

대자대비 또한 '나' 없음의 경지이다. 부처님과 신의 다른 이름이 바로 사랑인 대자대비인 것이다. 사랑은 밑에서 끝없이 샘솟는 우물물과 같다. 퍼내면 퍼낼수록 더욱더 맑은 물이 솟아 올라온다. 기도도 하면 할수록 더욱더 밝은 에너지가 만들어져 나오는 것이다.

부처님은 길거리에서 태어나셨다. 한 평생 진리를 전하시며 길거리를 맨발로 다니시다 마지막 가실 때 역시 길거리에서 가셨다. 목숨을 건 용맹한 수행으로 진리를 깨치시고 목숨 같은 진리를 아무 대가없이 불쌍한 이웃들에게 나눠주시며 삶의 고통으로부터 벗어나서 열반의 문(행복 문)으로 들어오길 바라셨다.

어느 한 곳에 집착하는 마음을 벗어나서 우주 전체에 열려 있는 마음이 되었으니 '나'라는 허상에 꺼둘리지 않으며 '나'가 없으니 그로 인한 고통을 겪을 리가 없다.

그러므로 열반경(涅槃經) "사구게(四句偈)에 제행무상(諸行無常) 시생멸법(是生滅法) 생멸멸이(生滅滅已) 적멸위락(寂滅爲樂)"이라고 하였다. 그 뜻은 보고 듣는 모든 현상은 한시도 머물러 있지 않고 변한다. 이는 생하고 멸하는 생멸의 법칙이다. 이 생멸을 멸(깨달으면)하면 열반의 즐거움을 누린다는 것이다.

중생은 자기를 사랑하니 살림살이 또한 자기를 챙기는 데 급급하지만 한 평생을 불평 속에 살다가고, 수행자는 이웃을 사랑하는 이타행을 실천함으로 살림살이 또한 이웃을 챙기는 데 부족하여 애간장을 태우지만 한 평생 부족한 자신을 탓하며 살다 가는 것이다.

수행자는 한 평생 자신의 부족함을 부끄러워하며 살다 가고 중생은 한 평생 자신의 부족함을 부끄러워 할 줄 모르고 살다 가는 것이다.

사랑은 개체에 집착(소유욕)하는
마음을 넘어서는 것!

음식을 먹는 입장에서는 먹어 자신을 살찌우는 것이요, 먹히는 음식 입장에서는 먹는 자를 살리는 것이다. 자기를 희생하며 먹히는 음식 입장에서 말하는 것을 본 적이 있는가? 자신을 먹어 달라고 음식들이 서로 다투는 것을 본 적이 있는가? 죽은 자는 말이 없듯이 이미 주인의 식탁 위에 오른 음식들은 말이 없는 것이다.

> 잠시 망상 일으켜 몸을 나니 이생이요, 홀연히 사라지니 저승이로다! 어찌하여 영겁의 세월 동안 오고가는 고생을 반복만 한 채 고통의 쇠사슬을 벗어나지 못하였던가? 하나의 티끌 속에 삼천대천세계의 소식이 있으니 오직 마음을 허공처럼 비운 자만이 한 점의 티끌 속에 들어 있는 '虛空一句來'의 소식을 깨닫는다.

사랑은 바로 죽음이다. 죽은 자가 말이 없듯이 사랑하는 자는 자신의 선행을 기억하지 않는다. 오직 사랑을 받아야 하는 상대의 마음의 행복만을 헤아릴 뿐인 것이다.

원래 자연의 법칙은 무소유한 것이며 잠시 일정한 공간에 머물다 시간이 흐르면 다음 공간으로 넘어가는 것이라는 관리자 개념만이 존재하는 것이다. 자연의 법칙을 알기 위해 수행하는 사람이나 현실에서 사랑을 실천하는 사람은 이러한 무소유한 개념을 알게 된다.

그러므로 상대의 기쁨을 위해 자신이 소유한 것을 내어놓을 수가 있는 것이다. 바로 무소유한 존재의 성품을 사회적인 선행으로 실천하는 행복한 사람들이다.

대자대비라는 사랑에 눈을 뜨자!

일체만물은 불성을 가지고 있다는 뜻으로 실유불성(實有佛性)이라는 말씀이 있다. 그러므로 일상생활 어느 하나도 불공이 아닌 것이 없는 것이다. 자신의 마음을 비우고 부처님께 나아가 귀의(歸依)하는 의식은 사찰이라는 법당 안에서만 이루어지는 것이 아니다.

사찰에서 진행되는 학습 프로그램은 현실 마당에서 적용되어야 할 내용을 배우는 학습 행위인 것이다. 사찰에서 진행되는 학습의 주제를 하나로 함축하자면 대자대비, 곧 사랑이라고 할 수 있다.

부처님께서 들어 보이신 연꽃 한 송이에 마하가섭은 눈이 멀

었고 어느 선승의 고함 소리에 눈 푸른 수행자는 귀가 멀어 버
렸다. 눈과 귀라는 것은 감각기관으로 우리의 의식 활동의 출입
처가 된다.

　바로 감각기관이 멈춰 버렸다는 것은 '자기'라는 생각이 사라

다도해 해상국립공원

져 버리고 전체가 되었다는 것
이다. 곧 대자대비한 부처님 마
음을 자각하는데 연꽃과 고함
소리가 방편이 된 것이다.
　그리고 자각을 이룬 사람은 방
편문(方便門)을 열고 들어가 생사(개별적)를 넘어서서 중도(전체
적)의 자리에 이른 것이다. 그에게는 이 세상의 모든 것과 무관
한 것이 단 하나도 없다.

　이제 그의 눈에 보이는 것은 그 무엇이든지 대자대비, 곧 사랑
아닌 것이 없다. 산을 바라보면 산이 곧 사랑이요, 바다를 바라
보면 바다가 곧 사랑이다. 떨어지는 낙엽을 보면 낙엽이 곧 사랑
이다. '산은 산이요, 물은 물이로다!'라는 것이 바로 이것이다.

　사랑을 하는 자는 대상이 (무엇이든지)비록 사소히 여겨지고
소외되어 버려진 것이라도 '나누지'않고 사랑(전체적)으로 바라
본다. 수행자가 수행을 하는 데 그 어느 것 하나 수행의 방편이
아닌 것이 없다. 밥을 먹는 것도 수행이요, 잠을 자는 것도 수행
이다. 앉아 있어도 수행이요, 걸어도 수행이다.

그러므로 차를 운전하는 것도 수행이요, 영업을 하는 것도 수행이며 공부하는 것도 수행이다. 그래서 사랑은 현재에 몰입하는 것이다. 대자대비라는 사랑은 상대에게 올인(귀의) 하는 것이니 더 이상 '자기'가 있을 수가 없다.

인간의 행복이란 나를 잊고 너의 기쁨을 위해서 너에게 집중하는 것이다. 대자대비, 곧 사랑의 실천은 그 대상이 사람일 수도 있고 자신이 현재 하고 있는 일일 수도 있다.

법화경에는 제법실상(諸法實相)이라는 말씀이 있다. 별개로 보이는 그 어떤 것이라도 부처님의 성품을 갖추었고 부처님의 춤(행위)이 아닌 것이 없다는 것이기도 하다.

그러므로 대자대비, 곧 사랑은 한 번도 나누어진 적이 없으며 항상 전체적으로 있을 뿐이다. 단지 몽매한 중생의 분열된 분망한 마음 가운데서만 나누어져 있을 뿐이다.

모성의 사회화로
행복한 공동체를 만들자.

사랑의 사회적인 확대는 자신의 행복을 영구적으로 유지하고 행복감을 더욱더 키우는 길이다. 부모는 자식에게 아낌없이 자신의 모든 것을 내어준다. 자식을 사랑하는 마음이 자신의 소유 개념을 없애버린 것이다.

> 무엇을 땅에 감추고(地藏) 무엇을 가슴에 품었다
> (含藏)는 말인가? 천지우주를 마음이라는 자궁
> 속에 품은 대인이야말로 모성(母性) 그 자체인 것
> 이니 천하중생을 품고 길러내 밝은이들이 되게
> 제도할 수 있는 것이다.
>
> - 바로 당신이 지장보살이다.-

　자식을 사랑하지 않는다면 아까워서라도 자신의 소유를 내어줄 수 없는 것이다. 모성이란 바로 소유 개념이 사라진 사랑의 심정을 말한다. 그러나 여기까지는 '내 자식'이라는 소유욕에 기초하고 있다. 진정으로 사랑 곧 대자대비한 불성, 신성을 회복하려면 외로운 이웃과 삶의 어려움을 해소하기 위한 사랑의 사회적 확대가 이루어져야 하는 것이다.

　현실적으로 봐도 이웃을 살리는 정신이 확대되지 않으면 우리의 행복을 위한 사회적 환경이 무너져 내려 불행하게 된다. 사회는 '나'의 또 다른 나들이다. '나'와 다른 별개의 사람들이 아닌 것이다. 그러므로 교육자, 정치인, 종교인 같은 책임 있는 분야에 종사하는 사람들은 이웃의 아픔을 헤아리고 보살피는 노력을 주저해서는 안 될 것이다.

사랑은 이해와 포용이다.

그 누군가를 사랑한다는 것은 나를 위해 소중히 다루던 것들을 그에게 쏟아 붓는 작업이다. 그 첫째 움직임은 관심(觀心), 즉 상대의 움직임을 지켜봄으로부터 시작된다.

그 대상이 안개, 산야, 햇살, 노을, 긴 머리에 짧은 치마를 한 아름다운 소녀, 잘 생긴 미남은 물론이고 진리를 위한 구도 과정이든 소외당한 이웃의 고통을 함께 나누는 일이든 그곳에 관심을 갖고 살펴보는 것이 중요한 것이다.

살펴봄이 없는 관계는 마치 길거리에 엎드려서 한 푼을 구걸하는 거지의 깡통 속에 동전 하나 던져 주고 무심코 지나가는 것과 다를 바 없다. 이것은 사랑이 아니라 귀찮은 짓을 거지가 시킨 것이 되니 잠시 동안이나마 불편한 마음이 일어나는 것이다.

사랑의 대상에 관심을 갖고 살펴보는 과정은 많은 베풂을 요구한다. 그것은 바로 자기 희생

푸른 초원

이다. 사랑하기 때문에 베푸는 것이지만 그 과정은 피와 눈물이라는 통증을 수반하게 되는 것이다.

지옥문 앞에서 마지막까지 단 한 명이라도 고통 받는 중생을 구제해 내겠다는 지장보살님이 피눈물을 쏟으며 서 계신다는

것이 바로 그것이며 십자가 형틀을 짊어지고 죽임을 당할 골고다 산을 오르시는 그리스도의 고통이 바로 그것이다.

독재는 백성의 피눈물로 배를 불리고 얼굴에 개기름을 끼게 하지만, 민주는 지도자 자신이 백성을 대신하여 피눈물을 흘리며 백성의 눈물 자국을 닦아 주는 것이다. 사랑을 실천하는 수행자는 자기의 피눈물을 거름으로 해서 중생의 마음을 살찌우게 하는 사람이다.

멈추면 비어지고
비어지면 품을 수 있다.

태풍이 모든 것을 쓸고 지나가도 태풍의 중심점은 비어 있고 범종 소리 천리까지 울려 퍼지지만 그 속은 비어 있다. 생사의 파도가 요동쳐도 그 중심은 고요하고 한가로워 오고가는 인생사에 상관을 하지 않는 것이다.

우주의 중심과 인간 마음의 중심점은 한 꼭지에 해당하니 고개를 들어 비추어 보면 사람의 중심이 천지와 하나로 통해 있고 천지와 내(가) 몸과 마음이 하나인 것을 알 수 있다.

어제의 내가 오늘의 나이며 또한 내일의 내가 되듯이 시간과 공간이 하나로써 영원을 꿰뚫고 있다. 대인과 범부가 따로 없고 천국과 지옥이 따로 없으며 삶과 죽음 또한 나눌 것이 없다.

약인욕요지(若人欲了知), 삼세일체불(三世一體佛),

응관법계성(應觀法界性), 일체유심조(一切唯心造)

만약 사람이 삼세 부처님의 지견을 온전히 알고

자 하면 법계의 성품을 관찰하라. 일체는 오직

생각이 만든 것이다.

인간은 태어나면서부터 끊임없이 선택을 강요받고 있다. 어릴 적에는 부모가 선택해 준 것을 자신의 것으로 삼아 성장하고 성년이 되어서는 사회가 요구하는 조건에 맞추어 자신을 만들어 가게 된다.

어쩔 수 없는 삶의 환경이다. 싫다고 거부하자니 현실 부적응 하는 낙오자가 될 수밖에 없다. 생존하기 위해 판단과 선택을 계속해 나갈 수밖에 없는 현실은 불행을 낳을 수밖에 없다.

부처님은 생자필멸(生者必滅)이라고 말씀하신다. 생한 것은 반드시 사라진다는 것이다. 생물학적인 생명 현상이나 문명사회 속에서의 문물, 제도도 그러하다. 태어나고 만들어진 것은 반드시 없어지게 되어 있다. 이렇게 되는 근거는 음과 양이라는 극단적인 성질 때문이다.

언어나 문자로 표현되는 진리라는 것마저도 그렇게 되어 있다.

성인의 가르침이 문자나 언어로 표현되어 전파된 지 수 천 년이 되었고, 원한다면 인터넷 검색으로 성인의 가르침을 쉽게 접할 수 있는 시대에 살지만 여전히 세상은 시끄럽고 신과 정의의 이름으로 일으킨 전쟁으로 죽어 가는 사람들이 태산을 이루고 있다.

인간은 여전히 불행 속에 허덕이며 살고 있는 것이다. 이러한 현실은 언어나 문자로서는 인간의 불행한 현실을 해소할 수 없다는 것을 증명해 주고 있다.

범종

그것이 아무리 도덕적으로 완벽한 것이고 구원을 주고 해탈을 주는 가르침이라도 인간은 불행할 수밖에 없다는 모순이 생기는 것이다.

구원과 해탈의 문제는 울부짖는 기도나 순간의 감동을 느끼는 설교나 설법으로 해결할 수 있는 것이 아닌 수행을 통한 깨달음 속에 있기 때문이다.

삶이 고통스럽다면 죽음 또한 고통스럽기 마찬가지다. 죽음이 두렵고 고통스런 것이라면 삶 또한 두렵고 고통의 연속일 수밖에 없다.

인간이 밝음을 선택한 순간 그림자도 함께 따라오게 된다. 반대로 그림자 속으로 들어가는 순간 밝음도 함께 따라가는 것이다. 사랑의 마음을 일으키는 순간 미움의 감정도 함께 따르는 것이다.

당신이 행복하고자 노력할수록 불행은 항상 당신 주변에 도사리고 있는 것이다. 그러므로 인간이 불행한 현실을 극복하는 길은 오직 마음을 비우고 판단과 선택을 멈출 때 가능한 것임을 알아야 한다.

그것이 아무리 도덕적으로 완벽한 것이고 구원을 주고 해탈을 주는 가르침이라도 인간은 불행할 수밖에 없다는 모순이 생기는 것이다.

구원과 해탈의 문제는 울부짖는 기도나 순간의 감동을 느끼는 설교나 설법으로 해결할 수 있는 것이 아닌 수행을 통한 깨달음 속에 있기 때문이다.

삶이 고통스럽다면 죽음 또한 고통스럽기 마찬가지다. 죽음이 두렵고 고통스런 것이라면 삶 또한 두렵고 고통의 연속일 수밖에 없다.

인간이 밝음을 선택한 순간 그림자도 함께 따라오게 된다. 반대로 그림자 속으로 들어가는 순간 밝음도 함께 따라가는 것이다. 사랑의 마음을 일으키는 순간 미움의 감정도 함께 따르는 것이다.

별무리

당신이 행복하고자 노력할수록 불행은 항상 당신 주변에 도사리고 있는 것이다. 그러므로 인간이 불행한 현실을 극복하는 길은 오직 마음을 비우고 판단과 선택을 멈출 때 가능한 것임을 알아야 한다.

밝음과 그림자를 동시에 버리고 그 어느 편에도 마음이 움직여가지 않아야 한다. 마음이 멈추고 그 어느 곳으로도 움직여 가지 않고 중심(中心=中度)에 머물러 있을 때 생사의 굴레에서 벗어나서 행복을 느낄 수 있는 것이다.

마음이 어느 곳에도 흘러들어 가지 않고 중심에 머물러 있을 때 당신은 행복할 수 있다. 당신은 기도를 통해서 잠깐이나마 중심(中心=中度)을 느낄 수 있을 것이다.

기도 중에 무수한 선택을 강요받고 자신도 모르는 가운데 여러 상념에 꺼둘려서 팽이처럼 이리저리 움직여 다니는 마음을 발견하게 될 것이다. 그리고 혼란스러워 할 것이다.

이것이 당신을 그동안 현실이라는 무대 위에서 움직이게 하는 힘이었다. 당신의 마음은 잠시도 생각 없음의 상태(중심, 중도)에 머물러 있지 못하고 이곳저곳으로 흘러 다니는 것을 발견하게 되고 이것이 현실에서 당신을 불행하게 한 장본인임을 알게 될 것이다.

그리고 당신은 상념을 따라 그 어느 쪽에도 마음이 움직여 가서는 안 된다는 것을 알게 된다. 평상시 당신은 자신의 중심에서 멀리 벗어나서 주변의 삶 속에 얼마나 많이 꺼둘려 살아왔는지 비로소 느끼게 된다. 팽이가 자리를 잡지 못하고 주변을 떠돌아 돌아가듯이!

  우리가 살고 있는 현실은 행복할 수 없는 음과 양이라는 상대적인 극단의 구조 속에 놓여 있다. 이것은 인간의 선한 의지와 다른 불행이라는 모순을 낳게 되어 있다.

  도덕적인 고상한 말씀이나 성인들의 가르침까지도 아무런 구원이 되지 못하고, 해탈에 이르지 못하게 되어 있는 것이다. 부처님은 이러한 불행한 현실에 처해 사는 우리로 하여금 행복을 누릴 방법을 제시해 주신다.

  행심반야바라밀다(行心般若婆羅密多)가 바로 그 방편이다. 이 방법은 중도(중심)로 돌아가라는 관세음(觀世音)이라는 테크닉으로, 마음이 온갖 상념에 꺼둘려 가는 것을 멈추면 비로소 고통의 수레에서 뛰어내릴 수 있다는 것이다.

자유는 아는 것과
믿는 것으로부터 해방이다.

  인간은 불안한 존재이다. 왜 그러한가? 그 마지막 모습으로 죽음을 생각하기 때문이다. 인간은 죽음과 더불어 한 평생 만들어 온 업적과 인연들로부터 영원히 떨어져 나가

팽이 돌리기

게 된다. 그것은 엄청난 충격으로 고통이며 슬픔을 겪게 한다.

부처님은 생자필멸(生者必滅)이라 하여 만들어진 것은 반드시 '사라지고 없어진다'며 우리가 살고 있는 존재계의 현실을 말씀하셨다.

인간의 현실이 그러한 것은 모든 것을 물질화하는 습관에 젖어 있는 인간 의식의 한계 때문이다. 이러한 인간이 믿을 수 있는 것이라곤 이 세상에 아무것도 없다. 그러함에도 불구하고 불안에서 벗어나려고 모르는 것까지 신념화(물질화)하며 자신을 속이고 사는 것이다.

서로 속고 속이며 함께하다 어느 날 죽음을 맞이하게 된다면 가상의 현실로 옮겨 가서 생을 계속이어 가든지 아니면 인간 세상으로 다시 돌아오는 환생의 길로 접어든다. 그렇게 믿는 것은 그러한 일이 일어나는 법칙 때문이다.

종교적인 믿음이란 죽음에 대한 공포에서 벗어나기 위한 것이며 죽음과 함께 모든 것을 잃게 된다는 두려움에서 벗어나고자 하는 심리가 바탕이 된 것이다.

의식주에 관련된 활동을 놓고 경쟁하는 것이나 섹스 심리까지도 두려움에서 벗어나기 위한 것이요, 폭력적인 행동이나 심신을 병들게 하는 자극들도 모두 두려움에 대한 심리가 왜곡되어 나타나는 경우에 해당한다.

성경에서 말하는 "하나님이 천지를 창조하시느니라. 땅이 혼돈하고 공허하며 흑암이 깊음 위에 있고 하나님의 신은 수면 위에서 운행하시느니라" 라는 것은 천지창조 이전의 하늘과 땅, 낮과 밤, 밝음과 어두움이 생기기 전의 한정(시간, 공간) 없는 무한대한 기의 바다를 말하고 있다.

이곳에는 삶과 죽음이란 존재하지 않는다. 생자필멸(生者必滅)의 원리가 적용되지 않기 때문이다. 철학적 사색도 종교적 신념도 이를 자각(自覺)하는 데는 아무런 힘이 되지 않는다. 도리어 방해만 될 뿐이다. 오직 생각 없는 '어린아이'의 순진함과 마음을 '비움'만이 필요한 것이다. 정신적인 지식의 힘으로 무장하거나 종교적인 신념의 힘으로 이를 수 있는 것이 아니다.

정신적·물질적으로 크게 소유한 사람은 절대 들어갈 수 없는 것이기에 '부자가 천국에 들어가는 것은 낙타가 바늘귀로 들어가는 것보다 어렵다'고 한 것이다.

동자스님

당신의 본 모습은 세상이 만들어지기 이전에 있다. 삶과 죽음이 만들어지기 이전에 있는 것이므로 천당과 지옥, 극락과 지옥

......
이러한 관점은 범죄자들의 교화와 비행 청소년들의 선도에 있어서 성장 과정에서 얻어진 불안 심리를 해소해주는 것이 우선시되어야 한다는 것과 일치한다.

이 만들어지기 이전의 부처님 나라, 신의 나라인 것이다.

그러므로 천당과 지옥, 극락과 지옥이 원래부터 존재하는 것이니 부처님이나 신이 만들어 놓은 것으로 착각하면 안 된다. 하나의 가공의 세계임을 알아야 한다.

물보라

인간에게 주어진 숙제는 세상이 만들어지기 이전의 본 모습을 자각해 내는 것이다. 부처님이 깨달으신 내용은 세상의 모든 것이 기의 바다 가운데서 출렁이는 가운데 인연 따라 일어났다 결국에는 기의 바다 속으로 흡수되는 것이라는 사실이었다.

물론 천당이나 극락, 지옥을 가지고 열변을 토하고 '죽느니 사느니'를 주장하며 그렇게 살고 싶은 사람은 어찌할 수 없는 것이니 팔자려니 할 수밖에 없다.

이웃을 내 몸같이
사랑할 수 있으려면……

예수님은 "네 이웃을 네 몸같이 사랑하라"고 하셨다. 그러나 자기 몸을 사랑하는 자는 이웃을 사랑할 수 없는 것이다. 자기에 대한 집착을 넘어선 자만이 이웃을 자기 몸처럼 챙길 수 있는 것이다.

자기에 대한 소유 개념이 남아 있는 사람에게는 이웃은 단지 남일 뿐이다. 인간의 불행은 계속해서 이것저것 나눈다는 것이다. 내 것 네 것으로, 피부색으로, 가진 자와 못 가진 자로 나누기도 한다. 같은 교조를 믿는 신자들도 교리 차이로 해서 파벌을 달리한다.

생각이나 신념이나 이익을 가지고 어느 한 편에 서서 입장을 취해야 하는 경우 등이 생긴다. 그것은 입장을 달리하는 사람을 경계하게 되며 심하면 짓밟고 지나가야 하는 충돌도 불사하게 된다.

중동 국가 일부에서 매일 살육이 일어나고 있다. 이 죽고 죽이는 악순환의 원인에는 본처와 후처 자식 간에 일어나는 저주의 칼춤이다. 부모님의 재산을 앞에 놓고 형제간에 치고받고 하는 진흙탕 싸움과 다름없다.

철학적 주장이 다르고 종교적 믿음이 다르고 하는 등의 차이가 일간을 불행하게 해서야 아는 것과 믿는 것이 자유나 구원, 해탈의 진리라고 할 수 없다. 인간의 행복, 곧 자유라는 것은 알고 믿는 것으로 해결될 수 없다. 그래서 아는 지식과 믿는 관념으로부터 벗어나 수행의 길로 나아가야 한다. 자기 욕망을 이기는 자만이 자기에게 집중되는 것을 주변으로 돌릴 수 있다. 자기를 비운 자만이 이웃에게 나누어 줄 수 있다.

인생은 게임을 즐기듯
현실에 충실(집중)하는 것이다.

게임이란 이루어지는 과정에 몰두하여 즐기는 것이다. 결과가 어떻게 나오든지 전혀 신경 쓸 필요가 없다. 결과에 신경을 써야 하는 경우라면 게임으로서의 정신은 잃게 된다.

게임은 순간을 즐기는 것이다. 그러려면 결과에 연연하면 안 된다. 결과에 연연하는 것은 도둑의 심리를 발동시킨다. 이러한 연연함 또한 과거에 대한 집착에서 비롯된다. 잃어버린 과거에 대한 보상심리에서 순간을 이용하려는 행위는 어느 것이든지 도둑놈 심리가 작동하고 있다.

예로 돈 놓고 돈 먹는 화투나 포커, 내기 골프나 경마, 투견, 닭싸움, 소싸움 등은 게임이라는 행위를 즐긴다는 정신을 상실한 도둑질 심리에서 비롯된 과거에 꺼둘려 있는 것이다.

잃어버린 자신의 과거 시간을 한 순간의 성공으로 돌려놓고 싶다든지 도박으로 잃어버린 돈을 한 건으로 회복하려고 한다든지 하는 것은 모두 도둑놈 심리에서 비롯된 것이다.

대부분의 인간 의식의 움직임에는 이러한 도둑의 심리가 자리하고 있다. 한 마디로 인생을 도박처럼 하고 있다는 것이다. 그런 점에서 카지노 같은 도박 사업을 국가가 합법화하는 것은 세금 걷겠다고 국가가 인간의 황폐화를 허용한 것에 해당한다.

현실에 충실하며 현재 이 순간에 집중하여 사는 사람은 도박 같은 짓을 하지 않는다. 그에게는 한 건을 통해서 잃어버린 시간을 회복하는 따위가 별 의미가 없기 때문이다.

어느 사람이 오페라 감상을 위해 표를 구매하고 관람을 하였는데 별 재미가 없다고 하여 표 값을 물어내라고 항의한다면 당신은 이 사람을 어떻게 보겠는가? 마찬가지로 현재라는 과정에 집중하지 못하는 사람은 과거의 잃어버린 시간을 한 순간에 회복하려 한다든지 하여 현실을 과거 속으로 끌고 가 그 결과를 판단하려고 한다.

산과 강

이런 사람은 무엇을 하든지 결과에 대한 불만으로 가득 차게 되어 있다. 그래서 자신의 현실은 항상 불행하다고 여기게 된다. 당신이 행복하고 그래서 현재를 즐기려면 과거가 현재를 점령하게 허용하지 말아야 한다.

당신이 하는 모든 일에 있어서 그 과정을 중시하고 몰입(충실)한다면 당신은 인생을 즐길 준비가 되어 있다고 할 것이다. 자! 이제 결과에 꺼둘리지 않고 현재를 즐길 수 있는 자신이 되기 위하여 한 발 앞으로 나아가 보자!

관계와 소통에 대하여

'대접 받고자 하는 대로 대접하고 본인이 원치 않는 것을 상대에게 요구하지 말라'

'콩을 원하면 콩을 심고, 팥을 원하거든 팥을 심어라' 이것이 관계와 소통의 원칙이다.

당신이 주변으로부터 관심을 받고 지지를 받으려면 먼저 그들에게 당신이 받고자 하는 대로 대접을 해 보라. 그러나 당신이 노예처럼 취급 받으며 버려진 사람처럼 취급 받고 싶다면 먼저 당신이 주변 사람들에게 그렇게 행동하면 되는 것이다.

위대한 정치인이나 기업인이 되고 싶고 가정 안에서 존경 받는 남편과 아내가 되고 싶다면 당신이 먼저 상대를 예우하고 대하면 되는 것이다.

혹시 당신이 신의 은총이나 불보살님의 보살핌을 받고 싶다면 그분들의 마음을 얻으면 되는 것이다. 그분들의 마음의 본질은 사랑이다. 사랑은 개체성이 사라지고 전체적인 마음인 대자대비심인 것이다.

이 마음은 '이웃을 곧 자신의 몸'으로 여기는 통합의 정신이며 모든 대상을 거부하지 않고 수용하는 태도이다. 지금부터 이 세상에서 당신이 이루고자 하는 모습대로 주변 사람을 대해 보라. 놀라운 변화를 확인할 수 있을 것이다. 또한 당신은 '심는 대로 거둔다'는 운명의 이치를 깨닫게 될 것이다.

사랑은 길이요, 진리요, 생명이다.

우주와 인간의 본질은 사랑인 대자대비심이다. 그러므로 사랑이 삶의 시작이며 과정이며 목적이 되도록 모든 일에 임하는 태도에 있어서 대상을 사랑의 눈으로 바라보고 끌어들이고 그와 더불어 하나가 되도록 해야 한다.

의식이라는 가면을 쓰고서 바라보지 말고 의식의 가면을 벗어버리고 대상의 내면 속으로 뛰어 들어가야 한다. 그리하면 잠들어 있던 느낌들이 서서히 살아나면서 자신을 감싸기 시작할 것이다. 사랑이란 주는 자만이 되돌려 받을 수가 있다.

스님의 합장

무슨 일을 하든지 그 일속으로 빠져들어 보라. 그러나 당신은 사랑이 없이는 몰입할 수가 없다. 사랑이란 개체성을 십자가에 못 박고 전체성으로 거듭남이다.

우리는 일상생활에서 이러한 경험을 얼마든지 할 수 있다. 사랑하는 마음으로 요리를 하면서 그 요리 속으로 들어가라. 사랑하는 이를 위해 돈을 번다고 생각하며 그 돈 버는 일에 몰입하라. 사랑하는 마음으로 공부를 하면서 공부 속으로 몰입해 보라. 사랑하는 이를 위해 노래를 부르며 그 가락 속으로 들어가 보라.

그리고 사랑하는 이를 간절히 찾듯이 염불 소리에 몰입해 보라. 그래서 염불 소리가 들려오는 맨 처음의 희미한 자리로 들어가 보라. 그 느낌 속으로 들어가서 느낌에 안겨 그 느낌이 가득 채워지도록 해 보라.

바로 당신 생명이 맨 처음 만들어져 나온 사랑의 자리에 안겨서 평화를 만끽해 보라. 사랑은 생명의 근원이며 인생이 도달해야 할 마지막 '포인트'인 것이다.

형식의 굴레를 벗어나야 한다.

형식의 굴레는 의식으로 만들어진 포장이며 몸과 같다. 이것은 끝없이 고통을 만들어 내는 생각의 굴레이자 윤회의 쇠사슬이기도 하며 색깔이 다르고 생김새가 다르고 말이 다르고 행동이 다르다는 이유로써 시시비비가 되는 것이기도 하다.

실크로드

형식이란 본질이라는 내용을 용도에 따라서 다양한 모양으로 표현해 내는 가변적인 것이다. 그 변화의 수는 천천만만으로 무량수에 해당한다. 신성과 불성을 담아내는 형식은 관점에 따라 달라지는 것이며, 본질은 절대 변하지 않는다는 사실을 동시에 이해해야 한다.

뜨거운 사막의 나라 중동에서 바라보는 하늘과 땅, 비옥한 대지 위에 서서 바라보는 동양의 하늘에 대한 느낌, 정서, 사고방식이 같을 수 없는 것이다. 그래서 하늘을 생각하고 땅을 바라보는 마음들이 달라지는 것은 하등 이상할 것이 없다. 도리어 같다는 것이 이상한 것이다. 그것은 있을 수 없는 일이기 때문이다.

열 달 동안 배앓이를 해 쌍둥이를 낳아 키워 내도 생각이 다르며 삶의 진로와 적성, 취미가 서로 다른 것이다. 다름을 인정하지 못하는 사고방식을 가진 자들은 자기 스스로는 상대와 동화할 수 없는 철벽같은 고집을 가지고 있으면서도 자기 이외의 사람들에게는 자기와 같아져야 한다고 강변하는 것이다. 왜 그런가? 자기가 자기를 모르는 멍텅구리이기 때문이다.

유대교인, 기독교인, 이슬람교인이 신을 달리 표현하는 것은 당연하다. 더 나아가서 종교가 다른 불교가 신에 대하여 이야기하는 것이 또 다른 느낌을 주게 되는 것 또한 당연한 것이다. 똑같다면 종파가 갈리고 종교가 달라져야 할 이유가 없는 것이다.

사막과 낙타

그러나 종파가 다르고 종교가 다르더라도 각기 이야기되는 주제, 곧 본질은 같은 것이다. 그러므로 생각이 다르다는 이유로 적대시하며 증오심을 갖거나 무력을 사용해서라도 죽이는 전쟁 따위의 불장난은 욕망의 노예

기름진 농토

들이나 저지르는 것이며 이들은 신이나 부처까지도 욕망을 채우기 위한 도구로 삼는 자들이다.

이들은 자기를 '비우고' '버리고' 신성이나 불성으로 자신을 채우는 것이 아니라 세상을 원망하고 불만스러운 마음을 종교적 차원에서 자기 합리화하며 욕심을 채우고 있는 것이다.

기도에 대하여

언어와 문자
그리고 형상을 넘어서서……

금강경에 보면,

"若人色見我(약인색견아) 以音聲求我(이음성구아) 是人行邪道 (시인행사도) 不能見如來(불능견여래)"라는 말씀이 있다.

만약에 형상으로 부처님을 보려고 한다거나 음성으로 부처님을 찾으려 하면 이 사람은 사도를 행함이니 여래를 보지 못한다는 뜻이다.

화엄경에 보면,

"범소유상(凡所有相), 개시허망(皆是虛妄), 약견제상비상(若見諸 相非相), 즉견여래(卽見如來)"라는 말씀이 있다.

무릇 있는 바 상은 다 허망하니 만약 모든 상이 상 아님을 보면 곧 여래를 본다는 뜻이다.

인간의 완성이라는 과제는 먼저 철학적인 의문을 해소하기 위한 지적인 궁리를 넘어서서 본질적인 깨달음을 얻어야 가능한 것이다. 이는 개체로 특정 지어지는 한계를 넘어서 전체와 만나는 것이기도 하다. 이 부분은 지적인 탐구를 통해서는 불가능하며 오직 수행이라는 직접 체험의 길 이외에는 다른 방법이 없다.

그리고 그 방법에 있어서는 화두를 비롯한 염불이나 명상의 여러 테크닉을 사용할 수 있다. 부처님은 위빠사나라는 호흡법을 중시하셨다. 역대 선종의 조사스님들은 화두를 매개로 하는 방식을 중시하였고, 염불이나 진언 염송법을 통한 일반적인 방식도 있다는 것을 알 수 있다.

의식 활동은 사유와 행동의 영역이므로 언어와 문자가 사용되며 무의식 또한 상념의 차원이므로 예외일 수 없다. 그러나 근본의식이라는 순수한 마음은 직관(觀世音)의 세계이므로 사물을 인식할 때 언어와 문자가 사용되지 않는다.

그러므로 금강경이나 화엄경의 게송에서는 진실무망(眞實无妄)이란 문자나 언어, 형상을 넘어서 있다는 것을 강조하고 있는 것이다.

수행자에게 '버리고' '비우고'를 강조하는 이면에는 본질이 '무소유'한 공허함의 영역이기 때문이다. 방편을 통한 마음공부의 시작은 결국 그 방편의 힘으로 진정한 진실무망한 자신을 회복할 수 있게 된다.

그러므로 방편이라 하여 가볍게 여기며 결국 그것마저 버려야 한다는 말은 하지 말기 바란다. 방편은 최종으로 진실무망한 자신이 되기 때문이다. 화두가 바로 자기 자신이다.

지장보살이나 관세음보살을 외우는 것은 자기가 자기를 부르며 찾는 행위이다. 그러므로 방편이 곧 자기라는 것을 알아야 한다.

인간은 자신이 얼마나 왜소하고 무지한지 모른다. 그러나 지적 탐구를 계속하다 보면 비로소 자신이 알고 있는 것이 얼마나 초라한 것인지를 안다.

지식이나 정보가 양적으로 늘어났다고 하지만 그럴수록 자신의 한계를 절감하게 되는 것은 본질로부터 멀어져 있는 자신을 이해할 수 있기 때문이다.

그래서 지적 여행을 중단하고 곧바로 수행으로 나아가게 되는 것이다. 소크라테스의 명언인 "나는 내 자신이 무지하다는 사실을 안다"가 이를 잘 대변해 주고 있다.

깨달음은 사색이나 사념을 통한 문제가 아니라 수행이라는 실천의 문제인 것이다. 기도가 처음 시작할 때는 그 힘이 아주 작은 모래알같이 미미한 것이지만 점차 힘이 생기고 속도가 빨라지면서 문자나 언어, 형상을 다 빨아들이고 녹여버리는 힘이 있는 것을 알게 된다.

　여기에 문자와 언어, 형상이 자리하고 서 있을 곳이 없는 것이다. 그러므로 기도자는 이를 명심하고 문자나 언어, 형상으로 무엇을 느끼고 듣고 보았다는 등의 기도 체험 같은 망상에 집착하거나 망언을 해서는 안 된다.

　만약 그러한 경계에 흥미를 느끼게 되어 그것을 사용하는 데 소일한다면 크나큰 불행이 일어나게 된다. 그저 느끼면 느끼는 대로 들리면 들리는 대로 보이면 보이는 대로 지나치면 되는 것이다. 설령 그것이 부처님이나 보살님이 모습을 나타내고 음성으로 들려도 그것에 반응을 일으키며 현혹되어서는 안 된다.

배고프면 먹고 졸리면 자라!

기도를 통해 온갖 망상과 생각들을 효과적으로 다스리려면 한 마음으로 한 가지 일에 집중하는 습관이 중요하다. 매 시간 자신에게 주어진 일에 집중하는 훈련이 필요하다. 생활 속에서 이러한 훈련이 기도에까지 이어져야 효과적인 기도가 된다. 생활이 헝클어져 있으면서 기도를 성공적으로 하는 경우는 존재하지 않는다. 생활이 바로 기도요, 기도가 바로 생활이다. 이 원칙을 지키지 않으면 한 평생 신께 기도해도 응답받을 수 없다.

위성을 실은 로켓이 발사대에서 출발할 때는 연료통이나 추진체를 달고 있지만 지구 궤도에 들어서기 전에 모두 분리시키는 것처럼 마음공부 역시 수행상의 여러 가지 경험들을 과정이라 생각하며 모두 떨쳐 버려야 비로소 넓은 창공을 향해 날아오를 수 있는 것이다.

기도의 방법과 원리

처음에는 저음(低音)으로 천천히 시작하다가

정신이 지장보살(관세음보살이나 진언을 염송해도 된다) 네 자에 모

아지기 시작하게 되면 점차 속
도가 빨라지게 된다. 이 때 소리
를 좀 더 크게 올린다. 이는 자
동차가 처음부터 속도를 낼 수
는 없지만 운행이 진행되면서 기

칠층석탑

어가 처음 1단에서 시작하여 점차 2단, 3단으로 올라가면서 속
도가 빨라지는 것과 같다.

회전하는 소리의 파동!

기도가 진행될수록 염불 소리는 자전 속에 공전
한다. 마음속에 온갖 사념들을 옆으로 밀어내고
그 중심에 빈 공간의 길을 만들어 낸다. 그 길을
따라 의식의 각층을 통과하여 생사의 오가는 이
치를 깨닫게 된다. 기도의 원리는 지구의 자전과
공전현상이나 세탁기의 탈수 현상을 통해서 이
해를 얻을 수 있다.

물론 엔진의 힘이 강력하게 작동하게 되면서 에너지 사용량도 급속도로 증가하게 된다. 이처럼 기도도 처음은 저음 저속에서 시작하고 나중에는 고음 고속으로 나아가면서 정신이 한 곳에 모아지게 된다. 억지로 그렇게 하려고 할 필요는 없다. 자연히 그렇게 되기 때문이다.

강력한 에너지는 의식의 심층부를 뚫고 들어가 전의식, 무의식을 통과하고 무중력 상태에서 아무런 저항을 느끼지 않고 의식의 각층을 자유로이 여행할 수 있게 된다.

기도자는 여기서 다겁생으로 인연된 온갖 업장(프로그램 정보)을 녹일(정리) 수 있게 되고 수행자는 한 발 앞으로 나아가 깨달음을 성취할 수 있는 기틀을 마련하게 된다. 그리고 머지않아서 확연히 깨닫게 되는 경지에 이르러 한 번도 움직임이 없는 무심(無心)을 체득하게 된다.

상모 돌리기

의상대사의 법성게는 이를 구래부동명위불(舊來不動名爲佛)이라 표현하고 있다. 자궁은 움직이지 않는다. 단지 자궁 안에서 정자와 난자가 인연되어 태아의 활동만이 있는 것이다. 허공은 움직이지 않는다.

단지 허공 가운데 만물과 인간이 태어났다 죽기를 반복하고 있을 뿐이다. 당신의 본질은 바로 자궁이요 허공이며 단지 생각하고 행동함에 따른 일시적인 현상만이 일어났다 사라질 뿐이다. 기도는 당신에게 이러한 깨우침을 준다.

선승이신 수월스님과 용성스님으로부터 최근의 정일스님, 성철스님, 일타스님 등 수많은 스님들이 기도로써 숙세의 업장을 녹여 견성오도의 초석을 닦을 수 있었다. 무거운 업장을 홀로 짊어지고 깨달음의 길로 나아가기는 많은 장애들이 생기는 것이 사실이다.

하늘 길

그럴 때에는 불보살님의 보살핌 속에 마음의 짐을 정리해 내는 것이 수행 길을 훨씬 수월하게 하는 것이며 수행에 필요한 강력한 에너지 충전도 가능하게 하는 것이다.

기도의 문구(진언이나 명호)는 될수록 짧은 것이 좋으며 단순한 리듬이 빠른 속도로 반복되면서 진행되는 것이 좋다. 그렇게 해야 여러 잡생각을 쉽게 컨트롤할 수 있기 때문이다.

기도가 어느 지점에 이르게 되면 몸이 사라진 것처럼 아무 느낌이 없으며 끝없이 분열을 통해 개체화를 만들어 낸 의식 활동

은 멈추고 무심한 상태에 돌입하면서 밝은 영지(靈智)만이 드러
나게 된다.

기도가 깊어진다는 것은 정신이 한 곳에 집중되면서 마음이
스스로 중심을 확보하게 된다. 그 중심은 텅 비어 있다. 하나의
점도 없으니 시선을 어느 한 곳에 고정할 수도 없다.

그것은 공성(空性)의 회복을 의미하는 것이다. 중심(中心)이란
기(氣)가 모여 있는 것이 아니라 기를 끌어당기고 돌리는 바퀴
의 회전축과 같다. 항상 그 중심은 텅 비어 있다. 그러므로 회전
수가 많아질수록 내부의 빈 상태는 더욱 확장이 되는 것이다.
중심은 비어 있으므로 고요하며 고요한 가운데 사통팔달(四通
八達)의 지혜가 확연히 드러나는 것이다.

'응무소주이생기심(應無所住以生其心)'

이것이 바로 금강경에서 말하는 '응당 머무는 바 없이 생각이
일어났다 사라지는 경계'이다. 생각을 억지로 일으킨 것이 아니
라 텅 빈 마음이 마치 거울이 되어 그 앞에 비추어지는 사물이
드러났다 사라지는 것이다.

그리고 거울 속에는 나타나고
사라지는 흔적을 남지 않는다.
본래 청정한 마음에는 어떠한
흔적이 남지 않는다. 비어(空性)

청동 거울

있기 때문이다.

그러므로 전체가 되어버린 본질적인 인간의 눈에 비추어지는 현상이란 머무는 바 없이 일어났다 사라지는 것에 불과하다. 심각함이나 갈등으로 인한 스트레스가 있을 수 없다.

그저 운동장에서 펼쳐지는 게임을 바라보며 즐기면 그 뿐이다. 게임이 끝나면 선수와 관객은 다 떠나고 텅 빈 운동장만이 그 자리에 있을 뿐이다.

요즘 선진각국에서 우주 탐사, 군사 정보, 기상 관측, 정보 통신 등 다양한 목적 활동을 위해서 위성을 쏘아올리고 있다. 각각의 위성이 지구의 궤도를 따라 세계 구석구석에서 일어나는 미세한 움직임까지 찍어 보내니 가만히 앉아서도 실시간으로 정보를 검색할 수 있는 시대에 살고 있다.

이러한 위성들은 로켓 상단에 실려서 우주로 발사되게 되는데 그 발사 과정을 보신 분들은 아시겠지만 연료를 태우면서 수천 도의 열과 함께 지구 위로 쏘아올려지는 것이다. 이것이 바로 기도의 원리와 궤를 같이 한다.

인간은 죽게 되면 혼백이 분리되어 혼은 원래 왔던 하늘로 날아서 돌아가고 백은 흩어져 땅으로 돌아간다. 이를 옛사람들은 혼비백산(魂飛魄散)이라 하였다. 물론 돌아가는 과정이 순탄치 못하고 중도에 헤매는 일이 생길 수도 있다.

이런 경우에는 천도의식을 통해서 마음을 깨닫게 하여 성불할 수 있도록 인도해 드리는 것이다. 위성을 실은 로켓도 발사되어 지구 위에 올라 안착하지 못하고 중도에 폭발해 추락하는 경우가 생기기도 한다.

인간의 수행과 기도는 몸을 가진 채 죽어서 체험할 수 있는 전 과정을 통과함으로 죽은 자가 자신의 육체와 세상의 모든 것을 버리고 그 동안의 인연을 떠나가듯이 수행자나 기도자가 이러한 무소유한 마음을 가질 때 비로소 도를 성취하고 기도를 성취할 수 있는 것이다.

하늘로 날아오르는 위성

그러므로 기도의 여행을 떠날 때는 짐을 가볍게 해야 편안한 여행이 될 수 있기 때문에 텅 빈 마음가짐이 필요하다. 또한 정해진 기간과 시간 엄수는 절대적이며 오차가 생기는 것은 곧바로 기도의 실패로 연결된다.

1. 로켓연료통(육체)
2. 로켓 추진체(정신)
3. 상단의 머리 부분 위성(혼)

......

깊은 바다(氣海: 海印)를 가로질러 인로왕보살(引路王菩薩)이 지혜의 배인 반야용선(우주선)에 영혼을 태워 극락 세계로 이주하는 은총을 입기도 한다. 생전에 염불 기도를 열심히 한 공덕이나 후손들의 천도, 기도의 힘 등으로 가능하다.

1단계는 연료통 분리, 2단계는 추진체 분리, 3단계로 위성이 지구 궤도 안착해 돌다(윤회) 인연을 쫓아서 새로운 삶을 시작하게 된다. 4단계는 인연의 법칙을 깨닫고 영(靈)*, 혼(魂)*, 백(魄)*의 허상에서 벗어나 중도를 깨달아 생사윤회의 사슬을 벗어난다.

탑(塔) 돌이의 진정한 의미

대자연과 사회나 인간관계가 만남과 헤어짐의 연속선상에서 진행되는 것은 돌아가는(회전) 운영 패턴 때문이다. 이것은 죽은 이후에도 진행되는 영혼의 삶에까지 연장되어 있다. 그래서 사람이 죽으면 돌아가셨다고 하는 것이다.

물이 흐르다 구멍 난 곳을 만나 빨려들어 갈 때 물 회오리를 일으키는 것을 보게 된다. 태풍이나 토네이도 같은 움직임을 보더라도 회전하면서 강풍으로 돌변하는 것을 볼 수 있다.

탑돌이

총알이나 화살도 허공을 향해 회전하는 가운데 날아간다. 견고한 물체를 드릴을 사용하여 뚫을 때에도 못이 회전하는 것을 볼 수 있다. 복중의 태아도 몸을 회전하면서 산도 밖으로 나오는 것을 볼 수 있다.

......
*백(현재의식), *혼(말라식), *영(아뢰야식)은 실체가 없는 허상이다.

행복한 마음을 심으면 행복의 열매가 열린다!

생명은 빛으로 창조되고 자연현상도 빛으로 존재한다. 그 빛도 회전하면서 직진한다. 눈으로 볼 때는 그냥 태양빛이 내리쬐는 것 같아도 실상은 돌고 돌아가는 이치를 따른다. 흐르는 물은 어떠한가? 그냥 물이 흘러가는 것 같아도 물방울들이 회전하면서 하나의 흐름을 형성하고 흘러가는 것이다. 세상은 돌고 있다. 죄악의 씨앗은 고통으로 선행의 씨앗은 행복으로 돌고 도는 것이다.

기도 또한 정신이 집중될수록 회전수가 많아지면서 강력한 에너지를 생성하며 그 힘으로 의식의 각층을 신속히 뚫고 무의식으로 진입하게 되는 것이다.

절에 가면 하늘을 뚫을 듯이 서 있는 탑이 있다. 탑의 시원은 부처님의 몸에서 나온 사리를 봉안하는 것이었으나 그 깊은 의미를 헤아려 보면 우주의 근원자리를 향해 나아가는 수행자의 의식과도 같은 것이며, 우주여행을 위해 하늘 높이 올라가는 로켓의 모습을 읽어볼 수 있는 것이다.

탑은 우주의 중심, 곧 마음의 근원자리를 상징하는 것이다. 부처님의 가르침에 따라 수행 생활하는 사람들은 매일 매일 수행이라는 탑돌이를 하고 있는 것이다. 자신의 근본을 향해 나아가는 몸짓이 곧 탑돌이인 것이다.

탑이 빠르게 회전한다고 생각해 보라! 그렇다면 머지않아서 허공을 향해 날아오르게 될 것이다. 발사대에 장착된 미사일이 허공을 가르고 날아오르는 것도 같은 이치인 것이다.

> 돌아라, 돌아가라. 그곳에 새로운 길이 있다!
> 법성게를 독송하며 법당을 도는 것은 망자를 본래 왔던 자리로 돌려드리는 의식인 것이다. 삶의 진행이 막히는 죽음의 길목에서 새로운 세계로 유턴이 일어난다. 흐르는 물이 막히면 새로운 물길을 내며 흐르듯이 인생도 가던 길이 막히면 새로운 길을 찾아 나아가야 한다. 마음이 막혀 답답하고 사고가 단절되어 이어지지 않을 경우에 동네를 한 바퀴 도는 것도 아주 좋다. 새로운 길로 연결되는 것을 발견하게 될 것이다.

염불의 세 가지 과정
'맑으면 밝아지고 밝아지면 통한다!!'

1) 칭명(稱名) 염불: 나무아미타불 여섯 자를 염송하면서 마음을 그 소리에 집중한다. 현재의식에서 일어나는 온갖 불협화음을 다스리며 고통의 원인처를 찾아 마음의 여행을 떠난다. 꼭 나무아미타불이 아닌 관세음보살, 지장보살이나 진언이라도 상관없다. 그리스도나 성모마리아라도 전혀 상관없다. 어디까지나 하나의 방편이기 때문이다.

목탁

2) 관상(觀象)* 염불: 마음을 집중하며 마음의 여행이 의식의 바다 한가운데로 접근하면서 처음 온갖 상념이 불길같이 일어나며 괴로워하던 마음이 어느덧 참회의 눈물이 폭포수처럼 쏟아져 내리는 체험과 더불어 번뇌망상의 불길이 소멸되고 마음은 맑음이 더욱 두드러진다.

마치 뱃고동 소리가 울려퍼지면서 먼 항해를 떠나는 여행선과 같이, 의식계에서 어지러히 일어나는 상념들에 휘둘리며 부질없는 손짓 발짓을 하며 빛 없는 어둠 속에서 괴로워하는 자신

......
*관상이란 상(象: 마음에서 일어났다 사라지는 현상)을 관조하는 것을 이름 함이지 법당에 모셔진 불상을 바라보라든지 상상하라는 것이 아니다.

을 발견하게 되며 기도가 진행되면서 동이 터오는 새벽을 향해 나아가듯 서서히 마음이 맑아지는 정화의 과정을 거치면서 현실에 얽매여 있는 마음이 초연함을 보이게 된다. 정화되어 밝은 빛을 발하기 시작하니 환희심에 젖어들기도 한다.

묵은 때가 피부 표면에 달라붙어서 마치 피부위에 또 하나의 두꺼운 층을 이루고 있다가 물에 부풀어 올라 떨어져 나가듯이 마음 밑바닥의 묵은 상념과 감정의 흔적들이 층층이 쌓여 자신의 마음을 꽉 쥐고 있다가 깨끗이 소멸되어 사라지는 해체 과정을 체험하게 된다.

3) 진여(眞如) 염불: 부처와 중생의 경계가 사라지는 참으로 진여(眞如) 곧 일여(一如)의 경지에 든다. 미세한 상념과 감정의 흔적조차 사라지고 모든 의식계의 경계선이 무너져서 모든 차원이 하나의 경계선상에 드러나게 된다.

마치 산을 오를 때 응시하는 전방 이외에는 건너편과 좌우, 뒤편이 보이지 않던 것이 산 정상에 이르면 동서사방의 경계가 사라지고 하나의 경계 속에 드러나 한눈에 들어오듯이 된다. 애써 보려고 해서 보는 것이 아닌 그냥 자연경관이 보이는 상황이다.

커튼을 열면 창문 밖의 전경이 눈에 들어오듯이 그냥 '보이는' 것이다. 이것이 바로 관세음의 경계이다. 그리고 각 경계에 머물며 스스로의 마음을 가둬 놓고 고통 속에 허덕이는 중생계의 참상을 슬퍼하며 구제하겠다는 대자대비심이 일어나게 된다.

지장(地藏)보살은 땅속에 품었다는 의미로 마치 산모가 태아를 뱃속에 품고 보호하며 길러내는 것과 같은 뜻이다. 모든 불보살님들은 중생을 자식으로 여기며 자신의 모든 것을 다 바쳐 희생하는 수고를 아끼지 않으시는 성스러운 어머니(聖母)라고 할 것이다. 일체중생을 제도해야 하는 성스런 과업이 자기에게 있음을 알게 된다.

허공일구래(虛空一句來)의 진실!

기도자가 염불 한 구절에 마음이 멈추게 되면 더 이상 온갖 생각들에 간섭받지 않게 된다. 대상을 쫓아 마음이 이리저리 움직일 때만이 생각이 존재하는 것이다. 마음이 염불 한 구절에 집중되는 순간, 모든 잡다한 생각은 사라져 버린다. 마음이 움직이지 않는데 잡념이 있을 수 없다. 한 구절 속에 마음이 몰입되면 우주 또한 한 구절 속에 빨려들어오게 된다. 이윽고 나와 우주가 한 구절 속으로 통하게 되는 것이다. 마음이 텅 빈 허공이 되어 일체가 빨려들어와 녹아 버리는 것이다.

기도의 방편

앞서 기도의 원리에 대하여 대충 말씀드린 바 대로 기도는 온갖 잡스러운 생각들까지도 원료로 삼고 강력한 에너지원으로 활용하여 의식의 각층(현재의식, 말라식, 아뢰야식)을 뚫고 각층에 내재된 정보와 지식과 마주하게 된다. 이는 기도 과정에서 자연스럽게 얻어지는 것이지 기도의 목적은 될 수 없다.

지금도 우리 머리 위에는 수많은 위성들이 정보활동을 위해 지구 위를 돌아다니고 있다. 그 위성들의 종류만큼 이름도 다양하다. 그러나 모든 위성들이 정보활동을 한다는 목적은 같은 것처럼 '지장보살', '관세음보살', '나무아미타불' 등으로 불리는 것은 마치 위성들의 이름이 다른 것에 불과하다.

법고

그러므로 기도자가 어느 불보살의 이름을 가지고 기도에 임할 것인가는 '인연' 따라 취하여 사용하면 될 것이니 너무 이름에 연연할 필요는 없는 것이다.

진언과 불보살의 명호를 암송하는 것이 어떤 원리에서 수행에 힘이 실리고 생활 기도에 힘이 실리게 되는지 잠시 살펴보기로 하겠습니다. 인간은 태어나는 순간부터 사회적 존재로서의 삶을 시작한다. 그 첫 출발지가 가정이다.

가정의 확대가 사회이고 보면 맨 처음 시작하는 가정 분위기의 중요성을 아무리 강조해도 부족함이 없을 것이다. 부모의 보살핌 속에 길러지고 부모형제와의 관계를 배우는 것이 장차 사회 활동상으로 이어지게 되는 것이다.

천지의 '관계'는 인간을 이 땅에 출현하게 하였고, 부모형제라는 '관계'는 인간을 사회의 한 성원으로 편입하게 한다.

수행도 혼자서 외로이 나아가는 과정으로 보이지만 사실 보이지 않는 많은 보살핌이 이어지고 있는 것이다. 천지아여동심체(天地我與同心體)라는 말이 있다. 하늘과 땅은 나와 그 몸과 마음을 하나로 한다는 뜻이다.

수행자가 수행을 이어가게 되면 천지도 함께 수행자를 보살피며 그 마지막 도의 성취를 위해 함께 노력하는 것이다.

천신은 물론 귀신들까지 수행자를 지키며 받들어 나가는 것이다. 생활 기도자 또한 그 소원을 성취하게 하기 위해서 불보살님들의 보살핌이 따르고, 호법신장님들이 기도자를 보호하고 지켜나가는 수고를 아끼지 않는 것이다.

그래서 신인합발(神人合發)이라는 말이 나오는 것이다. 관세음보살이나 지장보살 등 각 불보살의 명호를 부르면서 수행이나 기도를 해 나가는 것은 그분들의 원력(중생을 보살피겠다는 굳은 약속)을 받기 위함이다. 진언 또한 마찬가지이다.

깨달음을 성취하신 불보살님들의 기운이 압축되어 있는 것이므로 진언을 반복해서 암송하면 불보살님의 깨달음의 기운이 발생하기 시작한다. 이는 걷고 뛰고 달려서는 쉽게 먼 거리를 갈 수 없지만 달리는 차량이나 비행기에 몸을 싣고 있으면 먼 거리라 할지라도 단숨에 갈 수 있는 것과 같다.

그러므로 수행자나 기도자는 잠시도 불보살님들의 은혜를 잊어서는 안 되며 수행과 기도가 시작하고 끝날 즈음에는 감사와 찬탄이 있어야 한다. 나 홀로 축적이나 성공이 아니므로 이웃과 넓은 세상에 회향하는 것으로 마무리 지어야 하는 것이다.

> 기도는 한 가지 대상에 마음을 집중하는 것!
> 이때 습기에 따른 혼침(잠)과 열기에 따른 생각(망상)이 기도자를 괴롭히게 된다. 잠시만 방심하면 잠에 떨어지거나 잡념에 꺼둘려 다니게 된다. 생각은 불길같이 위로 오르고 잠은 깊은 바다 속에 휘말려 들어가듯 빠져든다. 그러므로 염불이라는 방편줄을 꽉 잡고서 나아가야 한다.

기도 시간과 장소

옛 사람들은 칠팔십 늙은 과부 외아들을 잃고 자나 깨나 외아들 소식을 기다리며 무사귀환을 기도하는 간절한 마음으로 해야 한다고 말씀하셨다. 감나무 밑에 누워서 배가 떨어지길 기도하는 것은 실현되지 않는다.

농부가 농사를 지으면서 좋은 수확이 이루어지길 기도해야지 농사를 짓지도 않고서 땅을 바라보며 기도한다 해서 가을에 추수할 것이 생기는 것은 아니기 때문이다.

로또를 바라듯 요행심에서 기도하는 것은 성사되지 않는다. 설사 된다 하여도 그것은 행운이 아니라 돈벼락을 맞는 것이 되어 패가망신의 벌이 되는 것이다.

그러므로 기도는 당면한 문제에 대하여 자기 나름의 해결 방안을 가지고 노력하면서 기도의 힘이 보태져야 효과가 생긴다.

그리고 기도할 때에는 적어도 일체 외부의 영향을 받지 않아야 쉽게 정신을 모을 수 있으므로 조용한 시간과 장소를 선택하는 것이 중요하다. 기도에 적합한 환경의 보호가 필요하다는 것이다.

우리의 몸과 마음은 생체 시계가 작동하고 있다 습관이 되어 무의식에 입력되면 정해진 시간에 반응하게 되어 있다. 식습관이 불규칙하여 생체 시계가 고장 나서 제멋대로 반응이 일어나면 위장병과 장에 탈이 생기기도 한다.

그러다 규칙적인 식생활을 하게 되면 언제 그랬냐는 듯이 정상 기능으로 돌아오는 것이다. 그러므로 정해진 시간에 몸과 마음이 반응하며 기도에 임할 수 있도록 하는 것이 기도의 효율성 면에서 좋다고 할 것이다.

그 다음으로 중요한 것이 장소의 문제이다. 요즘은 성이 개방되고 상품화되어 때와 장소에 상관없이 마음만 먹으면 음란행위를 할 수 있다. 남녀가 짝이 되어 후세를 임신하는 데 음란한 장소를 활용하는 경우가 많아졌다.

혼전에 러브모텔이나 신혼여행지 호텔에서 임신하는 경우가 많아지고 있는데, 맑은 영혼을 몸 안으로 받아들여야 할 중요한 때에 영혼이 타고 들어올 기파(氣波)가 음란하고 탁하다면 과연 인성이 제대로 된 영혼이 들어올 것인지 의심스럽다.

목어

이러한 공간들은 수많은 사람들이 드나들면서 음란하고 탁한 기파(氣波)가 공간 속을 메우고 있을 것이다. 기도의 공간은 청정한 기운이 감도는 장소라야 할 것이다.

어느 정도의 기도의 힘을 얻은 경우라면 때와 장소의 영향을 덜 받겠지만 초심자의 경우에는 혼란된 파장 속에 휘말려들어서 정신 집중을 하기에 어려움을 느끼게 될 것이니 장소 선택에 신경을 써야 한다.

풍경

제일 좋은 곳은 신불(神佛)을 모시고 기도하는 기도처나 염불당이다. 그러나 관광지가 되다시피 유명해진 곳은 시끄럽고 그만큼 기운이 산란하니 피하는 것이 좋다.

자기가 거주하는 집에 기도만 하는 기도방을 만들어 놓는 것도 좋은 방법이다. 염불 소리가 메아리가 되어 돌아오거나 회전하며 감도는 밀폐된 장소로 만들어 활용하는 것을 적극 권장한다. 음향 효과가 극대화되어 소리에 마음을 집중하여 무념무상에 이르기에 효과적이다.

소리에 마음을 싣고……

"태초에 말씀이 계시니라. 이 말씀이 하나님과 함께 계셨으니 이 말씀이 곧 하나님이시니라" "말씀이 육신이 되어 우리 가운데 계시니 그 은혜와 진리가 충만하시니라" 위의 두 구절은 신약성서 요한복음1장에 기록된 내용이다.

말씀이란 부호에 음성을 붙인 것이니 언어의 본질은 소리이며 파동의 흐름이다. 우주만물은 소리의 파동 속에 출렁거리고 있으며 그 본질은 무심(無心)이다. 즉, 대상 없이 즉자적(卽自的)으로 움직이고 있다.

여기에는 어떠한 구분이나 경계가 없다. 다만 현상적으로 볼 때에만이 나뉘어져 있는 것이니 이는 의식의 끝없는 분열상이다. 《주역》으로 볼 때에는 태극이 음과 양으로 분화되고 다시 사상으로 팔괘로 육십사괘로 진행되는 무한대한 분열상이다.

그러나 근원적인 인식으로 볼 때는 일승묘법(一乘妙法)으로 연화상(蓮華相)을 이루고 있다. 그러므로 극락이 현실이며 현실의 고통이 열반의 즐거움인 것이다. 단지 전체적인 의식이냐 분열되어 개체화된 의식이냐에 따라서 그 느낌이 확연한 차이를 보이며 하늘과 땅만큼의 차이로 갈라놓게 된다.

인간의 마음은 수많은 사념, 즉 소리들로 가득 차 있다. 혼란스럽기까지 한 이 소리들을 효과적으로 통제하며 내면의식으로 들어가기 위해서는 이동할 때에 하나의 소리를 이용하는 것이 유용한 수단이 된다.

소리를 정하는 데 있어서 유념해야 할 점은 느낌이 살아 있어야 한다는 것이다. 물론 집중력이 강한 사람에게는 해당되지 않는 조건이다. 그러나 대부분의 사람들은 방편으로 사용하는 염불 소리는 느낌이 살아 있어야 한다.

사랑하는 사람이나 부모가 자식을 부를 때를 보면 느낌이 살아 움직이고 있다. 뭐라 부르든지 느낌이 살아서 움직여야 강한 집중력을 갖게 된다. 소리는 '생명'을 포장하고 있는 것에 불과하다.

그 생명은 느낌으로 통하게 되어 있다. 일례로 자기 부모님이 돌아가셨을 때와 이웃집 친구 부모님이 돌아가셨을 때 영정사진 앞에 엎드려 절을 올리며 '아버지! 어머니!' 하고 부른다고 생각해 보면 이해가 갈 것이다. 기도의 생명은 정감을 느끼는 것인데 그것은 간절함과도 통하는 문제이다.

법고

정감이 느껴지지 않는 사람에게 사랑스런 눈빛을 보낼 수는 없다. 염불 소리에 정신을 모으고 온갖 분열상을 일으키는 수많은 생각의 파동인 잡념들을 효과적으로 통제하여 전체적인 하나의 소리로 수렴하려면 염불 소리에 애정을 갖고 몰두할 수 있어야 한다.

평소에 지장보살, 관세음보살, 진언, 다라니 등을 해온 경우라면 지속적으로 해 나가면 될 것이다. 소리의 파동에 마음을 집중하다 보면 나중에는 소리 속에 빠져들어 소리의 정감만이 느껴지고 결국에는 무심하고 안락한 상황에 놓이게 된다.

칠팔십 된 늙은 과부가 외아들을 잃어버리고 간절하게 아들 이름을 부르며 찾고 있을 때 입으로는 아들을 부르고 있으나 정신은 아들에게 집중되어 있는 것이다. 그리고 외아들에 대한 전체적인 느낌이 가득 차게 된다.

마찬가지로 기도자가 처음에는 지장보살(또는 관세음보살, 진언, 다라니)을 부르면서 기도하게 되지만 나중에는 지장보살님의 심정과 하나가 되면서 혼란된 마음에서 벗어나서 무심한 침묵 속에 떨어지게 된다.

태아가 어머니의 자궁 속에서 엄마의 심장 소리에 안락감을 느끼듯 기도자는 자신이 부르는 소리를 통해서 생명의 원천적인 느낌에 젖어 생명의 환희를 만끽하게 된다. 개별적인 대상에 대한 느낌에서 전체적인 통일된 느낌으로 깨어나 있는 것이다.

염불 소리와 함께 진행된 기도는 염불 소리 속으로 들어가서 소리의 방편을 벗어던지고 느낌의 근원처에 이르러 의식이 깨어남에 이르게 된다. 불가에서 영가천도재를 진행할 때 "조주스님은 몇 천 사람에게 차를 권하셨던가!"라는 말씀이 있다.

차와 선이 하나라는 선다일여(禪茶一如)의 경지를 이야기하는 다도의 세계도 맛을 통해서 하나된 감각을 일깨우는 방편으로 활용되고 있다.

소리로써 소리를 넘어서고 차로써 맛을 넘어서서 절대무념의 상태에 이르게 되는 것이다. 이는 뇌세포에 기억된 염불 소리가 아니며 차 맛이 아닌 마음 깊은 중심에서 느껴지는 깨어있는 의식으로 근원적인 생명의 소리인 복음(福音)이라고 하고 불음(佛音)이라고도 하는 것이다.

이 맛을 본 사람은 다시는 분열된 의식에 놀아나서 고통에 끄들리지 않고 전체적인 의식 속에서 살게 된다. 아래의 조주스님의 차 공양에 대한 게송은 죽은 영가를 천도하는 데에만 해당하는 내용이 아니라 살아 있으나 실상은 죽은 자와 다름없는 인간에게도 해당한다.

"백초임중일미신(百草林中一味新), 조주상권기천인(趙洲常勸幾千人) 백 가지 풀 중에 새로운 한 맛이여! 조주스님께서는 몇 천 사람에게 권하셨던가!"

아래는 성철 큰 스님께서 공부자가 지켜야 할 공부 지침을 애기하신 내용으로 참고가 될까 해서 올려 본다.

1. 많이 먹지 말라.
2. 많은 생각을 말라.
3. 많이 자지 말라.
4. 말 많이 말라.
5. 돌아다니지 말라.

성철 큰 스님께서는 위의 다섯 가지 지침을 따르면서 공부해도 깨달음이 생기지 않으면 "내 목을 따라!" 할 정도로 공부자가 지켜야 할 중요한 부분으로 생각을 하시었다.

그러므로 기도 기간이 정해지면 그 기간 동안은 출가 수행자처럼 행동거지를 조심하며 전심전력을 다하여 기도에 몰입해야 한다. 위의 다섯 가지 사항은 기도 성취를 위해 꼭 필요한 것이므로 지키기 위해 노력해야 하겠다.

그리고 더욱 철저하게 기도 생활에 임하고자 하는 사람은 아래의 오계(五戒)를 지키는 생활을 하여야 하며 적어도 정해진 기도 기간만이라도 반드시 준수하는 것을 원칙으로 해야 한다.

목탁과 요령

1. 불살생(不殺生): 살아 있는 생명을 죽이지 말라.
2. 불투도(不偸盜): 남의 물건을 훔치지 말라.
3. 불사음(不邪淫): 정당하지 않은 성관계를 갖지 말라.
4. 불망어(不妄語): 거짓말을 하지 말라.
5. 불음주(不飮酒): 술을 마시지 말라.

오계(五戒)는 불자가 되기 위해서 받는 생활 속 준칙 사항이기도 하다.

기도는 인간 완성을 위한 길이다.

기도는 전체적으로 수용하는 마음을 길러준다. 궁극적으로는 분열된 마음의 통합을 이루게 한다. 우리는 하루에도 수 없는 취사선택을 하면서 의식의 작란에 꺼둘려 살고 있는 것이다. 이러한 분열 행위는 마음을 긴장시키고 스트레스로 예민해지게 한다.

숨은 헐떡거리게 되고 괴로워하게 되며 긴장되어 충혈된 눈에는 길이 막혀 있다. 바로 자신 앞에 있는 모든 것이 눈길 속으로 드나들지 못하고 각각의 개체로서 분열되어 대립하게 된다.

그러나 수용적이 될 때에는 외부의 대상과 대립하며 불필요한 에너지를 소비할 필요가 없으므로 마음이 이완되어 평온함을 누리게 된다. 이러한 사람의 눈길은 편안하게 열려 있어 눈앞의 모든 것을 빨아들이게 된다. 원효대사의 걸림 없는 무애정신이 바로 이것이다.

자신에게 주어진 것을 거부감 없이 받아들이게 되면 전체에서 분리되지 않고 전체와 하나된 느낌을 갖게 된다. 예수님은 이를 "내가 아버지 안에 아버지가 내 안에 있는 것처럼"이라고 말씀하고 계신다.

낮과 밤, 오늘과 내일, 내 편과 네 편, 이승과 저승, 고통의 현실과 열반의 즐거움 등 따위로 의식이 분열되어 불안해하고 고

통을 느낄 필요가 없다. 원죄니 전생의 업보니 숙명이니 하는
생각을 개입시켜서 괴로워할 필요가 없는 것이다.

낮과 밤, 오늘과 내일, 내 편과 네 편, 이승과 저승, 고통의 현실과 열반의 즐거움 등 따위로 의식이 분열되어 불안해하고 고통을 느낄 필요가 없다. 원죄니 전

법당 문양

생의 업보니 숙명이니 하는 생각을 개입시켜서 괴로워할 필요
가 없는 것이다.

어느 날 승려 두 사람이 길을 나섰다. 두 승려는 간밤에 내린
폭우로 시냇물이 넘쳐흘러 어느 아낙네가 건너지 못하고 주저
하고 있는 모습을 보았다. 한 스님이 아낙네를 번쩍 들어서 내
를 건너 주었다.

그리고 갈 길을 재촉하며 한참을 걸어가고 있었다. 그때 한 스
님이 말하길 "스님은 여자 몸에 손을 되었으니 계율상 옳은 행
동이라 할 수 없지 않겠습니까?"라는 것이었다.

이에 다른 스님이 "스님은 아직까지 그 일을 마음에 담아두고
시시비비를 가리고 있었습니까?"라고 하자 질문을 던진 스님은
더 이상 말을 하지 못하고 난처한 표정을 짓더라는 이야기가 있
다. 이러한 조건적인 수행 태도는 결국 시시비비를 벗어나서 전

체적인 무심(無心)상태의 지혜를 성취하려는 데 하나의 장애물일 뿐이라는 것을 암시해 주고 있다. 이승에서 복을 지어야 저승에 가서 잘 대접받거나 다음 생에 복을 받고 태어난다든지 하는 것은 신앙인으로서 의미는 있겠으나 최상의 법을 깨달아 고통에서 벗어나려는 수행자로서의 바른 태도가 아닌 것이다.

수행자는 재물이나 여색을 멀리해야 한다는 계율이 있고, 성경에는 돈을 사랑하는 것은 일만악의 뿌리라는 말씀도 있다. 이는 물질에 집착하는 것이 그렇다는 것이지 돈이나 재물 그리고 여자 자체가 악의 뿌리라는 뜻은 아니다. 무엇이든지 정도를 넘어서면 그에 따르는 폐해가 있기 마련이다.

수행자는 구별을 짓고 편을 가르며 모든 것에 거부감을 일으키지 말고 무심히 바라볼 수 있는 마음가짐이 필요하다. 무엇을 하거나 하지 말아야 한다는 점에 신경을 쓰게 되면 죄의식의 공포가 일어나서 안락은 깨어지게 된다. 안락은 장사치의 계산속내로는 얻을 수 없는 것이다.

"부자가 하늘나라에 들어가는 것은 낙타가 바늘귀에 들어가는 것 보다 어렵다"고 하였다. 그러나 세상 어느 누구도 돈과 물질에 자유로운 사람은 없다. 모두가 의식주를 해결하기 위한 움직임, 즉 경제활동에 참여하고 있는 것이다.

사이비들은 이를 빙자하여 면죄부를 받기 위해서는 헌금이나 시주를 많이 해야 한다고 떠벌리기도 한다. 그러나 이 말은 그런 뜻이 아니다. 세상의 물질은 돈으로 대표된다. 이에 집착하는 것은 자신이 전체의식으로부터 분리되어 철저하게 떨어져 나가 전체적이 되지 못한다는 경계의 말씀인 것이다.

일상이 기도가 되어야 한다.

기도는 마음을 한 가지 일에 쏟아내는 것이다. 즉, 한 가지 대상에 모든 에너지를 쏟아 붓는 것이다. 문제는 출가수행자라면 모를까 일반 생활인으로서 행주좌와(行住坐臥), 어묵동정(語默動靜)* 가운데 염불을 이어가기가 어려운 것이다. 그러므로 정해진 기도 시간 이외에는 '현재'에 충실하는 습관을 들여야 한다.

자신이 하는 일에 전심전력하는 마음이라면 정해진 기도의 시간까지 그 한 가지 일에 몰입하는 태도가 이어질 것이기 때

시장통

문이다. 비오는 날 전봇대 위에 올라가서 작업하는 전공이 염불

......

*행주좌와어묵동정(行住坐臥語默動靜): 행은 걷는 것, 주는 머무는 것, 좌는 앉는 것, 와는 눕는 것, 어는 말하는 것, 묵은 말하지 않는 것, 동은 움직이는 것, 정은 동작을 멈추는 것을 말한다.

에 정신을 집중하는 것은 잘못된 것이다.

그때에는 오직 하는 일에 모든 정신을 집중해야 할 것이다. '현재'에 집중하지 못하는 불성실한 태도는 기도에 도움이 되지 않는다. 그래서 옛 도인이 말씀하시길 '배고프면 밥 먹고 졸리면 자는 것이 도'라고 하신 것이다.

> 곳곳이 부처님이니 하는 일이 바로 불공이다!
> 발길이 이르는 곳마다 부처님 아닌 것이 없으니
> 그 하는 일을 부처님께 불공을 올리는 정성심으로 몰입해야 한다. 학생은 공부에, 선생님은 교육지도에, 경영자는 경영에, 지도자는 지도에, 주부는 가사 일에, 직원은 맡은 바 일에 전념하는 것이 바로 생활 속의 불공인 것이다. 그런 연후에 기도에 임해야 성공적인 기도가 될 수 있다.

현재 하는 일에 성실하게 임하는 태도가 기도자의 일상이라는 것을 알아야 한다. 그래서 차 마시는 것이 기도가 될 수 있으며 글을 쓰거나 그림을 그리거나 가수가 노래하고 운동선수가 운동을 하고 노동자가 건설 현장에서 힘든 일을 하는 등 일상의 모든 일이 불공이 되는 것이니 일상생활이 곧 기도라는 생활기도의 중요성을 인식하여야 할 것이다. 생활의 질서가 흐트러지고 평소 주변으로부터 인심을 잃고 사는 사람이 잠시 절에 가서 기도를 한다거나 집에서 기도를 한다고 부처님이 굽어 살피실 리 없다.

기도할 때의 발원

기도의 원리와 성취의 과정은 개인의 이익을 위함이든 공공의 이익을 위함이든 같은 과정을 통하게 되어 있다. 즉, 기도의 성취는 개인의 소유물이 아니라는 사실이다.

자신의 돈으로 구입한 집이라 해도 취득할 때는 취득세를 내고 팔 때에는 양도세를 내게 되어 있으며 매년 재산세를 납부하게 되어 있다. 국가는 이외에도 각종 명목으로 세금을 징수한다.

국가는 국민으로부터 징수한 세금으로 국가를 관리하고 백성들 삶의 질을 향상하려고 노력한다. 로켓에 위성을 실어 대기권 위에 올려 놓으려면 막대한 비용이 지출된다.

이 돈은 어느 개인 호주머니에서 나온 것이 아니다. 국민에게 거둬들인 세금에서 쓰이는 돈들이다. 그리고 위성 활동은 국민 모두에게 그 혜택을 돌리게 되는 것이다.

기도는 자기 자신이 하는 개인적인 행위라도 기도의 성취 과정에서 사용되는 막대한 에너지와 공간 활용은 자연의 것이지 내 것을 사용하는 것이 아니다. 그에 따른 대가를 지불해야 하는 것이다. 세상에 공짜는 존재하지 않는다.

내 몸 안에서 이루어지는 것이라면 바로 내 것이 되겠지만 내 몸이 살아지는 과정을 체험하면서 얻어지는 고급 정보와 지식은 개인 영역을 벗어나 내 몸 밖의 대자연이라는 공적 영역을 사용하는 것이 된다.

은행에 자기 돈을 맡겨놓았다 해도 금융 소득에 따른 세금을 내고 있는 것은 돈을 관리하여 주는 그 수고비를 내주는 것이나 다름없는 이치이다.

그러므로 모든 불보살님은 수행 과정에서 대원(공적인 은혜에 감사하며 보답하는 마음)을 세우셨다.

아미타불의 48대원이 있고 석가모니 부처님의 여래십대발원이 있다. 관세음보살님의 애민심이 있고 지장보살님의 대원이 있고 대행보살님의 행원이 있으며 문수사리보살의 지혜의 회향이 있는 것이다.

낙선사 관세음보살

기도할 때는 불보살님처럼 큰 목표(대원)를 세우고 해야 불보살님의 가피(보살핌)를 받고 쉽게 목표하는 바를 이룰 수 있는 것이다. 즉, 공공의 이익에 부합하는 기도여야 한다는 것이다.

돈을 많이 벌어 부자가 되려는 사람은 공익사업을 위해 돈이 필요하므로 장사를 하고 사업을 하는 것으로 생각해야 하는 것이기도 한다. 그것이 행복을 위한 길이다. 그렇게 방향을 설정하지 않고 진행되는 것은 설사 원하는 목표를 이룬다 해도 그 순간부터 불행이 시작되는 것이다.

인간의 행복과 불행은 나를 중심한 것인가, 공익을 중심한 것인가에 달려있다. 그러므로 기도는 반드시 공익을 중심하여 시작해야 하고 기도의 끝은 공익의 이익을 위한 축원으로 마무리되어야 한다.

어느 사람이 지옥에 갔다. 그곳에 가니 모두들 배가 고파서 아우성을 치면서 밥을 먹으려 하는데 밥그릇에 숟가락이 들어가지를 못하여 한 톨의 밥도 입에 떠 넣지를 못하고 숟가락만 들고서 흔들고 있더라는 것이다.

운판

이유는 숟가락의 길이가 너무 길어서 밥그릇에 닿지 않아 헛손질만 하고 있었기 때문이다. 이번에는 극락이란 곳에 가 보니 모두들 배가 불러서 행복한 웃음을 짓고 있더라는 것이다.

이유는 긴 숟가락을 사용해서 서로 상대의 밥을 떠먹여 주니 서로가 없으면 안 되는 것을 알고 서로의 존재를 자기의 수족처럼 여겨 감사의 삶을 살기 때문이었다.

四弘誓願(네 가지 큰 맹서)

1. 일체중생을 구제하겠다.

2. 모든 번뇌를 다 끊겠다.

3. 부처님 법을 다 배우겠다.

4. 최고의 깨달음을 성취하겠다.

그러므로 기도를 하고 마치는 순간에는 반드시 "위 없는 법과 큰 공덕을 제가 지금 회향하오니 고통에 빠진 모든 사람이 행복해지길 원하나이다."라고 하며 기도한 힘을 이웃과 나누는 과정이 있어야 한다.

우리말에 기쁨은 나누면 두 배가 되고 슬픔은 나누면 반이 된다고 했다. 좋은 마음은 플러스 시켜 늘리고 나쁜 마음은 마이너스 시켜서 줄여야 한다. 그러므로 기도의 끝은 나눔의 사회화를 꼭 실천하는 말(씀으)로 마무리 하여야 한다.

기도하라! 운명을 개척하려면……

우리는 태어날 때 자신만의 고유한 바코드를 가지고 나온다. 바로 생년월일시에 따른 여덟 자의 글자, 곧 팔자이다. 이 팔자는 전생의 이력서로 암호화된 숙명의 아이콘이기도 하다.

전생에 공부를 많이 한 사람은 공부하는 습관(업: 카르마)이 내면화되어 있어 이생에서도 공부에 적성이 나타난다.

또한 자신의 처지가 불우하여 공부 기회를 놓친 것이 한이 되어 자라나는 청소년들의 학습 활동을 위해 기여한 바가 있다면 이생에서 공부의 기회를 많이 만나게 되는 것이다. 어떤 사람이 맞았을 때 '맞을 짓을 했구만'이라고 하는 말을 듣는 경우가 있다.

법화경(法華經)에 이르길,

"욕지전생사(欲知前生事) 금생수자시(今生受者是)

욕지래생사(欲知來生事) 금생작자시(今生作者是)"

전생을 알고자 하느냐? 그것은 현재 자신이 받고 있는 일이다. 다음 생을 알고자 하느냐? 그것은 현재 내가 하고 있는 일이다.

전생에 많은 사람을 두들겨 패고 죄 없는 짐승을 때려죽인 사람은 이생에 이유도 모르게 맞고 사는 경우가 생기고 심하면 맞아 죽는 일도 당하게 되는 것이다.

모두 원인과 결과에 의한 현상이다. 그래서 기도라는 것은 바로 전생의 잘못된 습관을 교정하고 올바른 습관은 더욱 개발하는 작업 과정의 일환이기도 하다.

이러한 중심에는 잘못을 반성하는 마음(참회)과 이웃에게 사랑받도록 올바르게 처세하며 살겠다는 뜻(발원)이 있어야 한다.

'난 기도도 할 만큼 했고 착한 일도 앞장서서 할 만큼 했는데 왜 아직도 집안 문제가 해결되지 않고 힘든 일만 계속되는지 모르겠다'고 하시는 분이 계신다. 은행 대출을 받아서 한두 달 이자를 못 내면 독촉장이 날아오는 경우를 본다.

그동안 매달 꼬박꼬박 이자를 내다가도 한두 달 밀리면 독촉장이 날아오는 것이 현실이다. 마찬가지로 그동안 기도 생활과 함께 사회적 선행을 실천하는 일에 앞장서고 해도 아직 해결해야 할 전생 업이 남아 있는 경우는 지속적이지 않아도 간헐적으로나마 어려움이 발현되는 시기를 만나는 것이다.

법륜

이런 분에게 필자는 한 가지 비유를 해 드리고 싶다. 겨우내 처마 끝에 매달린 고드름이 햇볕을 받으면 녹아서 물방울들이 하나둘 떨어지기 시작한다.

이 때 처마 앞을 지나가는 두 사람이 있어 그 중 한 사람이 말하기를 "고드름이 떨어지는 속도를 보니 1초에 한 방울씩이라 저 큰 둥치가 다 녹아내리려면 10시간은 걸리겠다"고 하였다.

그러자 다른 한 사람이 "그건 그렇지 않다! 고드름이란 햇볕이 강하게 내리쬐면 빨리 녹아내리다가 어느 한 순간이 되면 둥치째 떨어져 내린다"라고 말하는 것이다. 여러분은 누구의 말이 맞다고 생각하는가?

기도란 지속될수록 강력한 에너지를 동반한 빛이 된다. 중단 없이 기도하게 되면 어느 한 순간 해와 달과 별이 뚝뚝 떨어져 내리고, 지진이 나서 산이 무너지고 큰 나무가 벼락 맞아 부러지듯이 먹빛보다 더 검은 죄악으로 물든 전생의 업장이 녹아내리는 체험을 하게 된다. 그런 연후에 비로소 현실의 질곡에서 초연한 자유인이 되는 것이다.

마음이라는 거울에 무엇을 비추느냐에 따라 나타나는 것이 운명이다. 긍정의 씨를 뿌리면 행복의 열매를, 부정의 씨를 뿌리면 불행의 열매를 따는 것이다. 그러므로 현실적으로 일어나는 개인의 일이나 국가 사회의 현상이 마음의 반영인 것이다. 이웃을 자기 몸처럼 돌보며 사회 현실에 적극 참여하는 것이 사람으로 태어난 바른 도리이다. 사회 현실에 초연하는 것은 공부 과정상 필요할지 몰라도 인간으로서 바람직한 삶의 모습은 아니다. 군자와 보살, 선지자란 진리의 사회화를 위해 기도하며 본인의 삶을 바친 사람들이다.

수행의 과정과
자세를 일깨워 주는 심청이…

1) 기도는 바로 외동딸 심청이가 아버지 심봉사의 눈을 뜨게 하는 효심의 실천 과정과 같은 것이다.

가진 것이라고는 몸 하나뿐인 심청이가 자신의 몸을 부처님 전에 올릴 공양미 삼백 석에 팔아 정성을 드리듯이 어떠한 기도를 시작할 때에는 적어도 정해진 기간과 시간만큼은 자신의 모든 것을 다 포기해서라도 뜻하는 바 목적을 꼭 성취하고 말겠다는 굳은 각오로 임해야 한다.

마음을 비우지 않고서 어찌 큰 복을 담을 수 있겠는가! 수행자는 자기 소유 개념을 넘어서지 않으면 도를 성취할 수 없다. 일반인은 적어도 기도하는 기간이라도 몸을 자주 씻고 지나친 욕심을 부리지 말며 청정한 마음을 유지하도록 해야 한다. 또한 기도를 마무리하는 회향의식으로 불서를 보시하거나 대중을 위해서 밥 한 끼를 나누는 것도 좋은 것이다.

2) 스님의 조언-부처님의 가르침 '아버지 눈을 뜨게 하려면 부

처님께 공양미 삼백 석을 시주하라!'

눈이란 세상을 보는 안목이다. 눈이 먼 사람은 세상 돌아가는 바를 볼 수 없다. 여기서 눈이란 시간적으로 과거-현재-미래, 즉 영원에서 영원까지의 모든 시간 속 변화 과정을 읽어보는 지혜의 힘을 말한다.

바로 삼세인과(三世因果)의 이치를 환히 읽어보는 진리의 눈을 말한다. 탐내고, 성내고, 어리석은 세 가지 마음으로 물들은 청정한 마음을 회복하기 위해서는 세 가지로 집적된 욕망의 재화(財貨)를 원래 왔던 세상으로 돌려서 모든 이의 행복을 위해 나눠야 한다는 회향(回向)의 뜻을 담고 있다.

생명의 환희를 얻기 위해서 마음의 고향으로 돌아가는 데 세속적인 가치라는 것은 하나의 티끌에 불과한 것이요, 돌아가는 발걸음을 지체시키는 장애물일 뿐이다. 공적(空寂) 지혜는 공적(公的)인 소유 개념이기 때문에 사적(私的)인 소유 개념을 허용하지 않는 무소유한 것이다.

3) 배를 타고 바다 한가운데로 나아가 생사의 경계선을 향해 목숨을 건 용맹정진을 하라!

부처님은 이 세상을 시시비비가 끊임없이 일어나는 고통의 사회(사바세계)라고 진단하신다. '콩 심은 데 콩 나고 팥 심은 데 팥 난다'는 자연의 이치를 미루어서 삶의 문제를 살피게 되면 모든

문제의 시작과 끝이 자신에게 있다는 것을 알게 된다. 기도에

임하려는 것도 자신이 문제 해결의 열쇠를 쥐고 있다는 데서 출발하는 것이다.

백두산 천지

　　　　　기도가 진행되면서 서서히 문제 해결의 심처, 핵심 자리로 접근하게 된다.

　4) 인당수에 산 채로 몸이 던져지다.

　사즉생(死卽生)의 각오로 한 발 앞으로 몸을 던져야 한다. 바로 그 자리!

　부처님의 불상을 보면 양 눈썹 사이에 미간이라는 자리가 있는데 한의학상 혈명으로 인당(印堂)이라고 한다. 이 부위는 예로부터 '제 3의 눈'이라 하여 기도를 열심히 하면 열리게 된다고 한다.

　인고의 인내 과정을 통한 용맹 정진으로 얻어지는 지혜의 눈으로 현재의식, 말라식, 아뢰야식 속으로 빛[白毫光明]이 내뿜어져 나오면서 의식의 각 경계막이 사라지는 가운데 온갖 신통이 일어나게 된다.

아제 아제 바라아제 바라승하제 모지 사바하!

'버려라, 버려라, 또 버려라, 버렸다는 마음마저 버려라, 바로 그 자리!' 처음 버리며 죽고, 두 번째 버리며 죽고, 세 번째 버리며 또 죽고, 나머지 버린 마음마저 버리며 네 번째 죽음을 맞이하여야 더 이상 죽으려도 죽을 수 없는 영원한 불사의 마음을 얻는다.

-모으는 습관을 나누는 습관으로 바꾸라-

5) 인당수 연꽃 가운데 부활!

'죽음의 바다'가 '지혜의 바다'가 되어 그 가운데 부처로서 거듭나다.

부처님의 지혜광명이 두 눈썹 사이 미간 백호(印堂)에서 밝은 빛을 내비추인다.

지혜의 광명이 온 세상을 밝히니 그 가운데 감출 것이라곤 하나도 없는 것이다. 사람의 마음속 움직임은 물론 세상사 비밀이 남김없이 드러나게 된다. 법당에 부처님이 앉아 계신 모습을 보면 연꽃을 표상하는 좌대 위에 앉아 계시는데 연꽃 잎 하나하나가 빛의 줄기가 되어 세상으로 뻗어나가는 모습을 취한 것이다.

극락당전만월용(極樂堂前滿月容), 옥효금색조허공

(玉毫金色照虛空), 약인일념칭명호(若人一念稱名號),

경각원성무량공(頃刻圓成無量功)

극락세계 아미타불 보름달 같은 얼굴이여!

금빛의 백호광명 허공을 비추네.

만약에 일념으로 이름을 부른다면,

한순간에 깨쳐서 무량한 성공 이루리다.

⑥ 왕비가 되어 아버지뿐 아니라 세상 모든 소경의 눈을 뜨게
한다.

지혜로써 어두운 세상 속에 묻혀 살고 있는 천하 중생들의 안
목(眼目)을 열어주는 보살도의 실천, 곧 깨달음의 사회화가 필요

비로자나불

하다. 그런 점에서 왕비는 곧 '보살'을 의
미한다.

깨달음을 모든 사람들에게 전달해 주
는 활동을 말하는 것이다. 하늘의 도, 곧
자연의 법칙이 만물을 낳아 길러내듯이
이러한 이치를 깨달은 도인은 천하 중생
을 진리로써 깨우쳐 밝은 마음으로 길러내는 보살도를 실천하

게 되는 것이다.

하늘이 땅에 내려오듯 도인이 어리석은 중생에게 다가가 법을 전달하는 것이다. 우리보다 먼저 이러한 길을 가시고 계시는 심청이 분들이 지장보살, 관세음보살, 보현보살, 문수보살님 등이시다.

광명진언(光明眞言)
옴 아모가 바이로차나 마하무드라
마니 파드마 즈바라 프라바를 타야 훔

이 진언의 효험은 한 마디로 자기의 본래 청정하고 밝은 행복한 모습을 깨닫게 하는 것이며, 현실의 고통스런 질곡으로부터 자신의 행복한 마음을 지켜내면서 자신에게 주어진 책무를 성실히 이행하게 하는 부처님의 무한대한 복과 덕망과 지혜의 에너지를 함축하고 있다.

그러므로 이 진언을 암송하게 되면 무거운 죄업으로 칠흑 같은 어둠에 덮인 마음일지라도 빛의 파동 속에 들어가서 자연히 맑아지고 밝아져서 무한대한 복과

빛과 별

덕과 지혜가 일어나게 되는 것이다. 수행자는 지혜가 열리고 생활인은 복이 닦아오며 악도에 떨어진 죄수나 지옥 귀신이라도

본래의 어질고 착한 심성을 회복하여 새롭게 거듭남의 큰 변화가 생긴다.

해동의 성자로 알려진 원효대사는 그의 저서 《유심안락도(遊心安樂圖)》에 이 진언의 효과에 대하여 크게 강조하고 계신다. 일설에 의하면 원효대사는 가지고 다니는 바가지에 맑은 모래를 담아 108번의 광명진언을 염송한 다음에 이를 묘지나 시신 위에 뿌려서 영가를 극락세계로 천도하였다고 한다.

그러므로 돌아가신 망자를 위해 제사 시간이나 천도재를 지내는 기간 동안 광명진언을 외우며 극락왕생을 발원하면 반드시 영가가 그렇게 된다. 시간은 향 한 개가 타들어가는 시간이면 족하다* 하겠다.

《유심안락도》에 실린 내용을 보면 "만일 중생이 이 진언을 두 번이나 세 번, 또는 일곱 번을 귀로 듣기만 하여도 모든 죄업이 없어지게 된다. 또 중생이 십악(十惡)과 사역죄(四逆罪)와 사중죄(四重罪)를 지어 죽은 다음 악도(惡道)에 떨어질지라도 이 진언을 외우면 능히 해탈을 얻을 수 있다.

특히 그릇에 흙이나 모래를 담아 놓고 이 진언을 108번 외워 그 모래를 시신 위에 흩거나 묘지 또는 묘탑 위에 흩어주면 비로자나부처님의 광명이 망인에게 이르러 모든 죄업을 소멸시켜

......
* 향이 긴 것은 1시간, 짧은 것은 30분 탄다.

줄 뿐 아니라 서방 극락세계의 연화대로 인도하게 된다.

　모래를 묘 위에 흩는 것만으로도 극락왕생하거늘, 하물며 진언으로 옷을 지어 입고 소리를 내어 외우면 어떠하겠는가? 모래를 흩는 공덕보다 진언을 외우는 공덕이 더 수승함은 말할 것도 없다."라고 말하고 있다.

　지장보살본원경(地藏菩薩本願經)이나 관정수원왕생시방정토경(灌頂隨願往生十方淨土經)에서는 죽은 망인을 위해 복을 닦아 주고 기도를 해 주면 7분의 1은 죽은 망인에게 가고 나머지 6은 공덕을 지은 사람에게 간다고 말하고 있다.

　한 마디로 부처님의 무한대한 복과 덕과 지혜의 기운에 접속되어 기도자의 내면으로 그 무량공덕이 흘러들어오게 되므로 대변혁이 일어나게 되는 것이다. 염송하는 소리의 파동이 의식의 심층부 속으로 뚫고 들어가면서 극소·극대의 무한대한 시간과 공간 속으로 빛의 파동을 일으키게 되는 것이다.

　염송의 신묘함은 기도자 본인에게 국한되지 않고 기도자와 인연된 모든 산 자나 죽은 자와 다 함께 큰 가피를 입게 되는 것이다.

정토(淨土)다라니

나무 아미 다바야 다타가다야 다디야타 아미리

도바비 아미리다 싯담바비 아미리다 비가란제

아미리다 비가란다 가미니 가가나 깃다가례 사

바하

정토다라니는 아미타불의 가피력이 내재된 진언으로 나쁜 생각과 전생의 죄 업장을 녹여주는 영험이 있다. 지속적으로 염송하면 기운이 맑아지고 마음이 밝아져서 생사의 오고가는 이치를 깨닫게 되고 생사의 어두운 밤길에서 헤매는 영가들을 해탈시키게도 된다.

관세음보살 육자대명왕진언
(六字大明王眞言)

'옴 마니 반메 훔'

〈마니〉 '진주, 보석'으로 부처님의 지혜

〈반메〉 '연꽃'으로 부처님의 가르침

〈옴〉과 〈훔〉은 우주적인 성스러운 소리.

- 오! 연화상의 마니주여! -

육자대명왕 진언은 관세음보살님의 본심에서 이루어지는 신통한 작용이 깃들어 있다. 진언의 제목에 암시되어 있듯이 본심미묘(本心微妙)한 것이기에 일심으로 기도에 몰입하여 관세음

보살님의 본심에 기도자의 간절한 마음이 합치되어야 비로소 신통한 감응이 일어날 뿐만 아니라 성불에 이르게 된다.

이 진언을 지극한 마음으로 염송하면 모든 의식의 장벽이 무너지면서 거울같이 투명한 본래 마음이 드러나게 된다. 그래서 밀교 수행자에게는 부처님처럼 모셔지고 있다.

이 진언은 아미타불께서 관세음보살님의 공덕을 찬탄하는 의미로, 무한한 복과 덕과 지혜와 전능한 힘을 지닌다.

아래에 각각의 글자가 지닌 특별한 공덕을 나누어 살펴보기로 한다.

옴(om): 죽은 뒤 천상계에 태어남을 막고,

마(ma): 악귀가 사는 수라계에 태어남을 막고,

니(ni): 인간계에 태어남을 막고,

반(pad): 축생으로 태어남을 막고,

메(me): 아귀도에 태어남을 막고,

훔(hum): 죽어서 지옥에 떨어짐을 막는다.

그러므로 이 여섯 가지 에너지에는 육도윤회하는 고통의 사슬을 끊고 성불에 이르게 하는 큰 공덕이 들어있는 것이다. 예로부터 수행자나 재가불자들이 이 진언을 독송한 공덕으로 많은 영험을 얻게 되었다.

극락세계는 수행하는 학교

결론적으로 말하면 극락세계는 이승에서 못 누린 복을 누리고 즐길 거리들이 많아서 매일매일 웃고 지내는 휴양지나 유흥 시설이 밀집된 장소가 아니라 마음 수행을 위해 설치된 부처님 학교인 것이다.

근원적인 관점에서 볼 때 심청이로 상징되는 청정법신 비로자나불은 근본의식에 해당한다. 원만보신노사나불은 무의식 및 전의식에 해당하고, 천백억화신석가모니불은 현재의식으로 나눌 수 있다. 이러한 이치를 통해서 명훈가피, 몽중가피, 현증가피가 나타나게 되는 것이다.

우리는 안에서는 밖을 볼 수 있고, 밖에서는 안을 들여다 볼 수 없는 그러한 유리를 본적이 있을 것이다. 안의 사정을 밖에서 보지 못하게 설계되어 있는 것이다. 의식의 각층도 안에서는 밖을 볼 수 있지만 밖에서는 안을 들여다 볼 수 없게 층을 형성하고 있다.

현재의식은 전의식과 무의식을 볼 수 없고, 전의식과 무의식은 근본의식을 볼 수 없다. 무의식과 전의식은 현재의식의 활동에만 관여한다. 그러나 근본의식은 무의식, 전의식, 현재의식까지 다 관여하게 된다.

극락세계

그래서 성인의 의식은 의식의 전 영역을 명료하게 들여다보고 알고 있으므로 관세음보살이며, 자신의 살림살이 가운데 일체만물과 세상사가 포함되어 있으므로 지장보살인 것이다.

범부중생은 보이는 현실에만 집착하기 때문에 약육강식의 논리에 따라 사니 그들의 삶은 편협할 수밖에 없고 작은 무대를 가지고 다투므로 갈등과 불화는 필연적으로 따르게 된다.

그들의 관심사는 단지 현재의식이 미치는 한계에만 있을 뿐이다. 구원을 위한 성인의 말씀조차도 물질화의 법칙으로 변질시켜서 또 하나의 강력한 권력이 되어 세상을 지배하는 이데올로기가 되는 것이다.

그리고 구절 하나하나를 들먹거리며 끝없이 세상에 분열을 조장하는 선봉에 서 있는 것이다. '불입문자'에 '언어도단'하며 '의문의 율법'이 사랑하는 주를 죽음으로 내몰게 되었다는 사실을 망각하고 문자 놀음과 언어 장난을 계속하고 있는 것이다.

기도나 수행을 하지 않더라도 사람이 죽으면 현재의식 이외에 무의식의 영역으로 이동하게 된다. 현실 속에서는 육체를 가지고 살다가 저승에 가서는 영체를 가지고 살게 된다.

중력의 지배를 받는 육체를 벗어난 영체는 의식의 7배 이상의 각성이 일어나 나름의 신통력이 일어나게 되어 있다. 생전에 불학무식하던 조상이 자손의 몸에 강림하여 아는 소리를 하는 것이 바로 그것이다.

그러한 영체도 현실 세계에 있을 때의 습관을 그대로 지닌 채 고통스런 삶을 이어 살고 있는 것이다.

사찰에는 초하루, 보름, 관음재일, 지장재일 등 여러 기도하는 날이 정해져 있다. 또한 크고 작은 행사들이 있어서 불자들은 그날 사찰에 들어가 기도와 참선, 봉사 활동의 시간을 갖는다.

석등

마찬가지로 저승에 간 영혼들도 그러한 기회를 가질 수 있는 것이다. 현실에 있는 사찰을 그대로 옮겨놓았다고 생각하시면 된다. 서방정토세계에는 아미타불이 항상 머무시면서 때때로 그곳에 모여든 영혼들을 대상으로 법회를 개최하여 마음의 이치를 설법하여 주시는 것이다.

그러므로 임종시에 극락세계에 가서 태어나기를 발원하며 아미타불을 염송해야 하는 중요성이 여기에 있는 것이다. 사람이

이 세상에 태어나서 교육의 혜택을 전혀 받지 못하는 환경에 떨어졌다고 가정해 보라!

한 사람의 사회인으로서 필요한 의무와 책무를 실천할 수 있는 준비 기간을 갖지 못한다면 그 사람이 할 수 있는 일이라곤 남이 못다 한 허드렛일뿐일 것이다.

마찬가지로 저승에 태어난 사람이 공부할 수 없는 환경에 처하였다고 한다면 저승 세상의 일원으로 편입되어 살아갈 수 있는 준비 기간을 충분히 보내지 못하게 된다. 저승에 간 영혼들이 극락세계라는 교육기관에 입학하는 기회를 얻었다는 것은 행운이라 할 것이다.

숨이 떨어지기 직전 나무아미타불을 일곱 번만이라도 마음속으로 간절히 찾다 저승으로 가면 곧바로 아미타불께서 오셔서 인도하여 극락세계라는 곳으로 데려간다는 약속을 굳게 믿어야 한다.

"난 죽어서 극락세계에 태어날 것이다. 그래서 아미타부처님의 가르침을 따라서 마음수행을 하여 반드시 깨달은 사람이 될 것이다."라는 각오가 있어야 한다. 그리하면 그렇게 된다.

죽음이란
물질화의 습관에서 벗어나는 것.

의식의 활동이 멈춘 상태에서는 더 이상 욕망(집착)이 자신을 뜨겁게 달구지 못한다. 그러므로 죽음이란 시간·공간의 개념이 사라진 것으로 물질의 소멸을 의미한다. 육

법당

체라는 물질이 한 줌 재가 되어 허공 가운데 흩어져 버린 뒤 평소에 알고 있던 자신은 그 어디에서도 찾을 수 없는 것이다.

그러나 마음이 만들어 내는 메커니즘을 모르는 죽은 영혼(아뢰야식)은 집착이 습관화되어 있는 입장에서 몹시 혼란스러울 것이다. 그래서 그 혼란으로부터 도망치기 위하여 습관화된 집착을 보일 것이다.

그 즉시 안이비설신의라는 육식(六識)의 영역 어느 한정된 지점에 자신의 모습을 만들어 내기 위한 불안한 몸짓을 일으킬 것 것이다.

집착은 우리의 의식을 분열시키며 육체라는 병원 속에 가둬버린다. 그리고 육체 위주로 모든 것을 이끌어간다. 이러한 습관은 육체를 버린 죽음을 맞이한 의식 상태에서도 이어져서 환각을 계속 만들어 내게 된다.

자신이 그 어느 곳에도 머물러 있지 않는 데도 불구하고 모든 것을 물질화하는 습관성의 발로로 머무를 장소를 찾게 되니, 또 다시 물질화의 길을 따라 육체라는 옷을 입기 위해 여자의 자궁 속에 들어와 자신을 가둬버리는 것이다.

당신이 현재 집 안에 머문다고 가정해 보자. 당신은 분명 집 안에 있다. 그러나 당신이 집 밖에 나와서 조금 전까지 머물던 집을 바라보고 있다 하자. 그러면 당신은 분명히 집 밖에 있다.

더 나아가서 당신이 머물던 그 집을 허물고 큰 광장으로 만들었다고 하자. 그러면 당신은 집 안에 있는지, 집 밖에 있는지를 구분하는 것이 무의미해진다.

법어사 일주문

당신은 분명 집 안에도 밖에도 없는 것이다. 당신의 의식은 집 이라는 것에 집착이 가 있을 때는 집을 중심하여 안과 밖으로 구분을 나누게 되어 있다. 그러나 그 기준점을 제거해 버리면 안과 밖은 나뉘지 않는다.

당신의 의식이 전체적이 될 때에는 당신은 모든 곳에 있을 뿐 한정된 곳에는 존재하지 않는 것이다.

당신이 죽은 뒤 영혼이 돌아갔다가 다시 윤회의 과정을 밟아 서 인간으로 환생한다고 하는 것은 단지 의식이 분열되어 어느 특정한 것에 대한 집착에서 비롯된 망상인 것이다. 영혼은 하늘로 날아서 우주와 하나가 되었다. 육체는 흩어져 역시 우주와 하나가 된 것이다.

몸과 마음이 개체성이 사라지고 오직 전체적으로 존재할 뿐이다. 부처님은 "개체인 나는 존재하지 않는다. 단지 전체적으로만 존재한다!"라고 말씀하신다.

법당이란 부처님을 모셔 놓은 공간을 말한다. 우주라는 커다란 공간을 축소한 것이라 해도 된다. 그래서 법당은 물질화된 나와 우주가 하나로 소통하는 지점이기도 하다.

적어도 법당 안에서는 진행되는 교육 프로그램들은 나라는 생각을 비우고 부처님이라는 한 지점을 통해서 자신이 전체가 되는 테크닉들로 짜여 있다.

'내가 하늘 안에 하늘이 내 안에' 들어와 나라는 '에고'가 녹아나는 방법들로 만들어져 있다. 자유로운 영혼을 가둔 육체가 부처님을 수용하는 법당이 될 때 당신은 물질화의 습관으로부터 구속된 상태를 벗어나게 된다. 당신은 어디에도 한정되어 있지 않는 부처라는 사실을 깨닫게 된다.

외로운 돌담길을 지나서……

외롭다는 심리는 마음이 빈 순간에 일어나는 첫 느낌이다. 그 때 우리는 습관적으로 무엇인가를 찾고 있는 자신을 발견하게 된다. 그것은 마음속에 초점을 두지 못하는 텅 빈 공간을 마주하고 있는 것이 불안하기 때문인 것이다.

티비를 켜던지 전화를 하던지 뭔가 잡다한 일을 만들어 내어서 마음의 여백을 채우고 있는 자신을 발견하게 될 것이다. 아이들이 장난감을 가지고 놀다 싫증나면 버려두고 또 다른 장난감을 찾듯이 우리의 마음이란 놈의 정체가 그러하다.

이는 아픈 사람이 불안한 마음을 잊기 위해서나 몸의 고통을 벗어나기 위해서 약을 찾는 것과 같은 것이다. 그러나 이윽고 우리는 그 약에 중독되어 세월과 더불어 심신이 지쳐가게 되고 마침내 죽음의 문턱에 이르게 된다.

죽음이란 이 세상에 태어난 인간에게 주는 마지막 자신을 발견할 수 있게 하는 신의 축복과 같다. 꿈속에서 온갖 기와집을 짓고 부수고를 반복하며 희로애락의 헛꿈에서 벗어나게 하는 마지막 순간이 죽음이다.

그러나 마음의 메카니즘을 모르는 사람은 이 마지막 기회조차 활용치 못하고 평소의 습관대로 죽음의 기회마저 분탕질을 하면서 저승으로 떠나가게 되는 것이다.

평소 우리는 살아 있는 동안 사실은 자신을 잃고 마음이 분열되어 죽어있었던 것이다. 마치 장인의 손에서 떠난 도자기가 바닥에 떨어져 금이가고 조각조각 깨어져 버린 것과 같다. 그래서 마음이 죽은 자가 몸이 죽은 자를 장사지내는 웃지 못할 풍경을 연출하며 살아나온 것이 바로 인생이다. 마치 꿈속에서 꿈을 꾸듯, 의식을 잃어버린 사람이 잠꼬대를 해 되듯이 그렇게 살아왔다. 예수님은 말씀하셨다. "죽은 자는 죽은 자들로 장사를 지내게 하라!"고……

외롭다고 느낄 때 마음이 초점을 잃고 불안해 안절부절할 때 잠시 그 마음을 지켜보아라! 그러한 태도를 '관세음보살'이라고 하는 것이다. 마음에서 일어나는 온갖 소리뿐 아니라 움직임을 주시하는 태도가 필요하다.

그리고 마음에서 일어나는 온갖 것들을 버리려고 내 자신과 분리해 내려고 하지 마라. 그냥 보는 대로 들리는 대로 느끼는 대로 그대로 놔 두어라. 그러한 태도를 '지장보살'이라고 한다. 마치 객지에 나간 자식들이 명절을 지내고 고향집을 떠나갈 때 자식을 보내는 그 어미가 떠나가는 자식들이 보이지 않을 때까지 지켜보듯이 그러한 마음을 말하는 것이다. 그래서 수행은 어머니가 자식을 바라보는 마음이며, 기도는 자식에게 부모의 모든 것을 쏟아 부어대는 자기희생이기도 한다.

기도자는 반드시 외로운 순가을 맞이하여야 하며 그 순간으로 부터 도망치려고 이것저것 문제꺼리를 찾아서 쫓아 가면 안 된다. 외롭다는 그 순간과 맞서야 한다. 외로움을 벗 삼아 깊은 의식의 바다속으로 여행이 바로 기도이기 때문이다.

당신은 지금 외롭다고 생각하는가? 그렇다면 혼자말로 중얼거려보아라. '관세음보살' '지장보살' '옴 아모카 바이로차나 마하무드라 마니파드마 즈바라 프라바를 타야 홈' ……

부처님의 마음은 초점이 없다. 그러므로 초점을 잃었다고 불안해하지 마시기 바란다. 그 마음이 바로 부처님의 마음이기 때문이다. 당신은 단지 그러한 마음을 지켜보기만 하면 된다.

외롭지 않는 사람이 어떻게 부처님을 부르짖고 찾을 수 있겠는가? 부처님은 외로움의 그 중심에 침묵으로 앉아서 자신을 찾고자 하는 사람을 기다리고 계신다. 부처님과 만나는 장소에서는 어떤 말이나, 손짓 발짓, 가진 것이 많고 적고, 잘나고 못나고가 필요 없으며 오직 침묵만이 필요한 것이다. 기도는 침묵으로 들어가는 문이다.

그러므로 '생각' 하는 사람은 부처님 곧 자신의 참 모습과 만날 수 없다. 오직 '침묵' 하는 자라야 가능하다. "나는 생각한다. 고로 나는 존재한다"가 아니라 '나는 침묵한다. 그러므로 나는 존재한다"가 되어야 한다.

기도의 삼종가피력(三種加被力)

식물은 땅에 뿌리를 박고 살지만 인간은 하늘에 뿌리를 박고 사는 영물로서 혈통을 통한 조상의 기운과 감응이 일어나고 기도를 통한 불보살님들과의 교감을 통해서 원하는 바 보살핌이 일어나게 되는 것이다. 그 종류를 나누면 세 가지가 된다.

1) 몽중가피(夢中加被)

사람이 잠을 잘 때에는 의식 작용이 쉬는 대신 무의식 상태를 드나드는 의식의 리듬을 갖게 한다. 불보살님께 간절한 자기 의지를 전달하였을 경우에는 수면 상태에 효과적으로 불보살님의 가피력이 작용하기 용이하게 된다.

연등

그래서 몸에 이상이 있는 경우 약을 받아 마신다거나 침을 꽂아 주신다거나 철장으로 아픈 부위를 두들겨 맞는다거나 하는 체험을 통해서 앓고 있던 병환이 씻은 듯이 낫는 경우가 생기는 것이다.

또는 시험자가 합격 발원을 하고 공부와 더불어 열심히 기도 생활을 하였을 때 시험 당일 꿈에 출제될 문제를 미리 보게 된다든지 당면한 문제 해결을 위한 어떤 메시지를 전달받는다는 것 등이 몽중가피에 해당한다.

공부하는 제자 중 한 분이 몸이 편찮으셨는데 관음기도를 지성껏 염송하라고 숙제를 내 주었더니 어느 날 관세음보살이 나타나서 아픈 부위를 주먹으로 두들겨 주더라는 것이다. 너무 아파서 소리를 지르는 바람에 놀라 깨어났는데 그 뒤에 아픈 증세가 없어졌다고 한다.

20년 동안 가슴앓이로 고생하는 제자에게 자나 깨나 지장보살님을 염송하며 지내라고 숙제를 드렸는데 어느 날 꿈에 자기 입 깊숙이 손가락을 집어넣더니 무 줄거리처럼 생긴 길다란 것을 한정 없이 잡아당겨 꺼내더라는 것이다.

그런 체험을 한 이후로 가슴이 편안하게 되었다 한다. 이러한 것이 꿈을 통해서 이루어지는 불보살님의 가피이다.

2) 현증가피(顯證加被)

현실적으로 당면한 문제 해결을 위한 움직임이 일어난다. 천우신조(天佑神助: 하늘이 돕고 신이 돕는다)라는 것이 현실적으로 나타난다. 자신이 원하는 바가 바로바로 나타나는 것을 말한다.

필자도 이 절 저 절 떠돌며 비바람이라도 피할 수 있는 그런 토굴이 하나 있었으면 하는 생각을 하며 지내던 시절이 있었다. 그래서 짐이라도 풀어놓고

초파일 등

쉬고 싶을 때 누구의 구애도 받지 않고 지낼 수 있는 토굴을 마련하고자 백일기도를 올린 적이 있다.

기도 기간에 오래된 지인이 불자들 몇 분을 이끌고 당시 기도하는 곳에 다녀갔다. 그 중 한 보살님이 복을 짓기를 원하여 훗날 필자를 소개해 주게 되었는데 그로 인하여 오늘날 몸을 의지하고 지내는 토굴을 마련할 수 있게 되었다.

3) 명훈가피(冥熏加被)

영천에 사는 김 부장님의 새해 신수가 불길하게 느껴져서 열심

지장보살

히 관음기도를 하시라고 숙제를 내 드렸다. 술을 너무 좋아하셔서 하루에 두 병씩 꼬박 마시고 주무시는 것으로 하루를 마무리하고 사신 지가 꽤 오래 되었던 분이다.

그래도 숙제는 잊지 않고 열심히 하고 계시니 다행이다 하며 지냈는데, 어느 날 출근길에 횡단보도 앞에서 주행신호를 기다리고 있던 차량을 들이받는 사고가 발생하여 차를 폐차할 정도에 이르렀다.

신기하게도 몸은 하나도 다치지 않는 상태였다. 주변에서 모두들 차가 이 지경인데 사람이 멀쩡하다니 믿어지지 않는다고 하더라는 것이다. 지금도 그때 사고를 언급할 때면 "제가 부처님의 빽으로 살지 않습니까!"라고 웃으면서 얘기하신다. 이제는

그렇게 즐겨하시던 술과도 작별하시고 더욱더 기도에 열중하며 마음공부에 매진하고 사신다.

이처럼 명훈가피란 실제 생활 속에서 크고 작은 문제들에 부처님의 보살핌이 이어지는 것을 말한다. 좋은 일이든 나쁜 일이든 그 상황에서 자신에게 유리한 상황이 만들어지고 보살펴 주시는 것을 느끼게 된다.

해탈과 열반

육신은 텅 비었으니 '나'가 없음을 알아
육신과 생각이 허망함을 깨닫고 육신과 생각에
집착하지 않으면
해탈의 기쁨을 얻게 되리라.
해탈에도 매달리지 않고 해탈 아닌 것에도 매달리지 않으며
자비로운 마음으로 모든 중생을 감싸고 보호하여
널리 모든 생명에게 이익을 베풀어라.

기도의 가피

어느 행자님의 악습이 고쳐지다.

스님이 되려고 출가한 분들은 일정 기간 절에서 예비 기간을 보내게 되어 있다. 어느 사찰 김 행자님의 잠버릇이 심하여 함께 기거하는 행자님들은 같이 자는 것이 곤욕이었다.

코를 고는 것까지는 이해하겠는데 이를 얼마나 심하게 가는지 저러다 이빨 다 닳아지고 분질러지겠다 할 정도였다. 이에 더하여 비몽사몽 간에 일어나서 벽을 손으로 긁어대고 있으니 행자님들 중에는 공포증을 호소하는 사람마저 있었다.

발 없는 말이 천 리를 간다고 자연 소문이 나서 필자의 귀에까지 들려오게 되었다. 어느 날 김 행자님을 보게 되어서 얼굴을 살펴보니 좀 점검을 해서 다스림이 필요하다는 생각이 들었다. 잠시 이야기를 나누어 보니 잠버릇이 대학에 들어가서부터 시작되었다고 한다.

근 십 년 가까이 계속되고 있다고 하는 것이다. 그래서 숙제로

153

일주일 동안 아침과 저녁 예불을 마치고 108배와 함께 관세음 보살님을 찾으면서 해결을 부탁드려 보라고 권하였다.

그렇게 하고 하는 일이 있어서 몰두하다 보니 잊고 지냈는데 며칠 뒤에 만나서 기도 이야기를 해 보니 행자님이 하는 얘기가 다음과 같았다.

"스님! 시키는 대로 일주일을 정말 열심히 했습니다. 기도 3일 째 새벽에 꿈을 꾸는데 넓은 들판에 전쟁이 일어나 양진영이 대치 상태에 있는 장면이 보였습니다.

한 쪽 편 선봉에 선 장수가 큰 도검을 들고 호령 소리와 함께 적지로 달려 나가니 반대편에 진영에서도 장수 한 분이 철퇴를 휘두르면서 뛰어 나오면서 급기야 두 분의 장수가 맞붙게 되었 습니다.

무기를 휘두르며 몇 번의 충돌 뒤에 철퇴를 휘두르는 장수의 공격을 방어하지 못한 한 장수가 턱부위를 맞아서 머리뼈까지 부서지는 충격을 받으면서 쓰러지게 되는 모습을 목격하게 되었 습니다. 그 순간! 제가 '관세음보살'을 큰 소리로 찾으면서 살려 주세요. 소리치면서 깨어나게 되었습니다."

필자가

"아하! 기도를 열심히 하시기는 하셨군요. 이제 더 이상 잠자 리의 악습이 행자님을 불편하게 하지 않을 것입니다." 하니

"그렇지 않아도 그 꿈을 꾼 이후부터는 잠자리가 편해지고 더이상 잠꼬대를 하지 않습니다."라고 하는 것이다. 아마도 이 행자님의 전생이 전쟁에서 선봉을 맡은 장수였다고 판단된다. 자신의 죽음을 초래한 철퇴의 충격이 무의식에 그대로 저장되어 있다가 그 충격파가 잠자리의 악습으로 나타나게 된 것이라 할 것이다.

지금은 스님이 되어 열심히 공부에 전념하며 지내신다. 바른 일에 대하여 순수함을 가지고 간절하게 불보살님을 찾으면 그 정성심이 가피를 받게 해 준다. 어느 불보살님이시든 자신과 인연된 분을 지극정성으로 찾으면 반드시 응답을 해 주시는 것이다.

보왕삼매론

몸에 병 없기를 바라지 말라.

몸에 병 없으면 탐욕이 생기기 쉽나니,

그러므로 성인이 말씀하시되

「병고로써 양약을 삼으라」 하셨느니라.

십자군 장군이었던 문어스님

문어라는 별명이 있는 스님 한 분이 계신다. 어릴 적부터 온갖 잔병치레를 많이 하였고 청년기에 접어들어서는 신경성 위장병에 호흡곤란증세까지 겪는 등 어려움이 많아서 현실 적응이 여의치 않았었다.

때로는 길거리를 걷다가도 호흡 곤란이 일어나서 가슴에 손을 댄 상태로 그 자리에 쭈그리고 앉아서 증세가 해소될 때까지 한 발자국도 움직이지 못할 정도로 고통을 겪어야만 했다.

이러한 증세가 출가 이후에도 계속되어 수행을 제대로 못 할 정도로 심각하게 지내던 어느 날, 인연 따라 차 한 잔을 하며 마주하게 되었다. "스님! 저의 심신이 극히 미약하고 정신마저 혼미해지니 이렇게 하다가는 수행을 못 할 것 같습니다. 그렇다고 속가로 돌아가서 이전처럼 고통의 시간을 이어갈 수도 없고 무슨 좋은 방도가 없겠습니까?"

잠시 점검의 시간이 흘러간 뒤,

"문어 스님은 살생의 기운을 강하게 타고 나셔서 그러시는 것입니다. 살기가 타인에게 연결되었더라면 큰 죄업을 다시 지을 뻔 하셨겠지만 그래도 부처님의 손길이 미치고 계셔서 자신만이 그 살기의 고통을 겪는 중이니 불행 중 다행입니다.

이제 수행자가 되셨으니 믿고 의지할 대상은 부처님 밖에 없는 것이니 스님의 전생 인연 따라 지장보살님의 가피를 통해서 업장소멸을 시도해 보셔야 할 것 같습니다."

"그럼 어떻게 하면 좋겠습니까?"

"언제까지 이 문제에 소중한 시간을 허비할 수는 없으니 용맹 기도를 통해서 꼭 문제를 해결하도록 하십시오. 7일 동안 밥 먹고 화장실 가는 시간 이외에는 목탁을 손에서 놓으시면 안 됩니다. 물론 잠을 자서도 안 됩니다."

"한마디로 죽을 각오로 기도에 임하라는 말씀이군요. 알겠습니다. 이 날 평생 내 자신을 힘들게 한 건강 문제를 이번 기도로 반드시 해결하겠습니다."

이렇게 하여 문어스님은 7일 기도에 들어가게 되었다.

이틀이 지나가니 잠이 몰려오기 시작하였다. 그럴 때면 목탁을 들고 법당 안을 돌면서 기도하며 졸음을 이겨내려고 안간힘을 쓰기도 하였다. 한밤중에 졸음이 더욱 세차게 몰려올 때는 절 마당을 돌면서 기도를 이어가는 것으로 정진을 계속하였다.

그렇게 5일 째 그리고 6일째가 되면서 목탁이 자신도 모르게 떨어져 발등을 찍기고 하고 법당 바닥에 떨어져 뒹굴기고 하는 등 비몽사몽 상태가 이어지면서 잠을 자는지 기도를 하는지 모르게 시간이 흘러가면서 생각하기를 '이번에 문제 해결을 하지 못하면 차라리 목탁을 쥐고 죽자! 죽어서 건강한 몸을 다시 받아 와서 수행을 하는 것이 낫지 않겠는가……' 하고 굳은 결의를 다지면서 기도를 이어가고 있었다.

　시간은 어느덧 7일 째 새벽에 이르렀다. 몰려오는 졸음을 이기려는 의지도 더 이상 힘을 발휘하지 못하는 지경에서 혼자 중얼거리듯 비몽사몽 헤매면서 "지장보살!…… 지장보살!…… 지장보살!……" 정근소리가 끊어졌다 이어졌다를 반복하는 사이에 그는 중세 시대 십자군 전쟁에 참여하는 수많은 병사들의 움직임을 보고 있었다.

　병사들이 지나가는 마을마다 피로 물들고 온갖 몹쓸 짓들이 횡행하는 그런 아비규환의 지옥 모습을 보고 있었던 것이다. 하나님의 이름 아래 자행되는 생지옥을 목격하면서 오! 지장보살~ 지장보살~ 지장보살~ 을 찾고 있었다. 그러던 가운데 수많은 군사에게 호령하는 한 장수를 보는 순간 놀라지 않을 수 없었다.

　그 사람이 바로 전생의 자신이었기 때문이다. 가는 곳곳마다 승전고를 울리며 진격하는 가운데 자기의 칼날에 목이 떨어져 나간 수많은 사람들의 원혼…… 순간 참회의 눈물과 함께 지장보살님을 부르짖으며 살려달라고 용서를 빌고 있었다.

　그 순간! 한 손에 철장(쇠지팡이)을 짚은 스님 한 분이 다가와 자신의 등을 짚고 있던 철장으로 사정없이 후려갈기더니 다시 가슴 쪽을 후려갈기더라는 것이었다.

　몸이 부서지는 고통을 당하면서 악! 소리를 내지르며 비몽사몽 상태에서 깨어나 보니 서서 기도하던 자신의 모습이 아닌 법당에 주저앉아서 엎드려 있는 자신을 발견하게 되었다.

콧물과 눈물이 뒤범벅되어 흐느적거리는 자신의 모습을 보면서 한없이 목 놓아 울먹거리며 지장보살~ 지장보살~ 지장보살만을 찾고 있었던 것이다.

지장보살님이 휘두르는 철장(쇠지팡이)에 가슴 속 깊이 칡넝쿨처럼 칭칭 감고 있던 한 맺힌 원혼들이 떨어져 나가면서 스님이나 원혼들이 함께 제도되는 축복을 받게 되었던 것이다. 살생은 또 다른 살생을 부르는 법이다.

먹고 살기 위해서 어쩔 수 없이 돼지, 소, 양 같은 육축을 살생하는 경우라도 그 살생의 업보는 반드시 받게 되어 있으니 두렵지 않을 수 없다.

그러므로 살생업에 종사하는 사람은 더욱더 기도 생활이 필요하며 이웃을 위해 봉사하는 선행으로 좋은 업을 많이 지어야 하는 것이다. 이후 문어스님은 건강을 회복하시고 자신과 같이 어려움을 겪는 사람들을 제도하는 데 열중하고 계신다.

지장보살 찬탄

지장보살 신묘위력 비할 데 없네

금색화신 곳곳마다 고루 나투사

三도六도 중생에게 묘법 설하여

四생十류 모든 중생 자은을 입네.

장상명주 천당 길을 밝게비추고

금석 떨쳐 지옥문을 활짝 여시고

누세 종친 친척들을 이끌어 내어

九품연대 부처님께 예배케 하네.

나무대원본존 지장보살!

영가가 가슴과 배를
고통스럽게 하다.

태양이 없는 곳은 습기가 많고 음침한 그늘이 져서 서생원이 서식하기 좋은 환경이 된다. 온갖 악취를 풍기는 쓰레기더미 주변 역시 서생원들의 출입이 빈번하고 도둑고양이들도 활개를 치며 부패한 음식물 찌꺼기를 먹어치우느라 바쁘다.

그러다 인기척이라도 느끼면 숨든지 잠시 자리를 피하였다가 이내 돌아온다. 저승의 인간들을 일러 귀신이라고 하는데 이들은 음산한 습기에 젖어 살다보니 어느새 밝은 빛을 접하는 것에 거부반응을 일으키며 괴로움을 호소하게 된다.

생명의 빛은 사람이고 귀신이고 움직이게 하는 원동력이 되는 것인데 공급이 부족하거나 차단되어 버리면 살아 있어도 죽은 목숨이나 다름없다.

이들은 결국 같은 성향의 기운을 가진 자와 친교를 하며 '위하여' 사는 사랑의 마음을 잃어버린 채 본능에 집착하며 그림자 속에 인생을 살게 되는 것이다.

어느 남자분이 갑자기 가슴 통증을 호소하며 송곳으로 가슴을 찌르고 싶을 정도로 숨이 답답하고 뒷골이 당기면서 눈이 흐릿해지며 알 수 없는 불안증세가 일어난다며 어떻게 해야 할지를 묻는다.

점검을 해 보니 조상 영가가 갈 곳을 잃고 방황하다 후손의 몸에 감겨 있는 빙의 현상이 일어난 것이다. 갈 길 잃고 배도 고프니 자손으로 하여금 길을 안내해 달라는 신호로써 심신의 고통을 일으키는 것이다.

이를 방치하여 두면 큰 병고가 터지게 되는 것이니 서둘러 정리 작업을 해 주어야 한다. 집에서 광명진언을 하루 1시간씩 21일을 해 보고 그 느낌을 보고해 달라고 숙제를 내 드렸다.

21일 가까이 기도가 진행되던 어느 날 꿈에 자신의 가슴 주변에 풍뎅이 같이 생긴 소름끼치는 생물들이 벌떼처럼 붙어 있고 아랫배에도 뱀들이 똬리를 틀고 꿈틀거리는데 자신이 손가락으로 떼어내다 다 떼어내지 못하고 깼다고 하는 보고를 해 왔다.

그래서 간단히 제물을 준비하여 원한 맺힌 영가들의 한을 풀어드리고 어둠 가운데 밝은 길을 내서 극락세계로 인도하는 천도의식을 진행하자 하고 날을 잡아드리고 돌려보냈다.

그 다음날 전화가 왔는데 어젯밤 꿈에 깔끔하게 차려입은 많은 사람들이 법당에서 기도하며 나무아미타불! 염불과 함께 큰 절을 올리더라는 것이다. 천도재를 치른 뒤에 이 분의 건강은 정상으로 돌아오게 되었다.

보왕삼매론

세상살이에 곤란 없기를 바라지 말라.

세상살이에 곤란 없으면

업신여기는 마음과 사치한 마음이 생기나니

그러므로 성인이 말씀하시되

「근심과 곤란으로써 세상을 살아가라」 하셨느니라.

못다 한 사랑에 한이 맺혀서……

창원에 사시는 김 여사님은 절에 다니는 친구들과 함께 어느 사찰에 놀러가서 생각지도 않게 노스님을 친견하게 되었다.

큰절을 올리는 친구를 따라서 자신도 절을 하고 자리에 앉으니 노스님이 청천벽력 같은 소리를 내지르시는 것이다.

"너 거기 뭐 하러 들어와 있나?" 하시니 영문을 모르는 김 여사님은 "스님! 무슨 말씀이신지 모르겠습니다."라고 대답을 한다. 다시 노스님의 말씀이 이어진다.

"보살님은 지장기도를 열심히 하시기 바랍니다. 지금 유방 안에 못다 이룬 사랑에 한이 맺혀서 총각귀신이 들어와 있으니 이대로 두면 유방에 문제가 생깁니다. 명심하세요!"라고 말씀하시는 것이 아닌가.

사연을 들어보니 남편과 결혼하기 전에 약 3년 동안 장래를 약속하고 지내던 중소기업에 다니는 남자친구가 있었는데 자신을 끔찍이 사랑해 주었다고 한다.

그런 그를 버리고 대기업에 다니는 조건 좋은 남자를 알게 되어 신발을 거꾸로 신게 되었다는 것이다. 이에 충격을 받은 남자친구가 애걸을 하다시피 본인의 마음을 돌리려 애를 쓰다가 본인의 마음을 돌릴 수 없다는 것을 알고 그러면 이제 자신은 더 이상 사는 것에 의미가 없다면서 고개를 떨구며 한참을 울고 가더라는 것이다.

그것이 그 친구의 마지막 모습이었다고 한다. 그 길로 그 친구는 목숨을 끊고 말았다는 것이다.

죽어서라도 못다 이룬 사랑에 집착한 나머지 유방 속에 집을 짓고 들어와 살고 있다는 것이다.

노스님은 영가와 영적통신을 통해서 그 사연을 아시고 본인에게 지장기도를 열심히 해서 한을 풀어내어 극락세계로 보내야 한다는 말씀을 하신 것이다.

그러나 당시에는 신앙이 천주교라서 그런 말씀을 받아들이기 어려워 그냥 시간되는 대로 성당에 나가서 기도를 해야겠다고 생각을 하였다는 것인데 그게 제대로 되지 않고 시간은 흘러갔었나 보다.

그 후 세월이 흘러 양쪽 유방에 멍울이 잡혀서 병원 검사를 받아보니 암세포가 많이 퍼져있는 것을 발견하게 되었다. 결국 양쪽 모두를 떼어내는 아픔을 겪게 되었던 것이다. 그 후에 불교로 개종하여 신앙생활을 열심히 하고 계신다.

세월이 흐른 어느 해 봄날, 보살님께서 자신이 계시는 곳으로 건너올 기회가 있으면 식사라도 함께하자는 말씀이 있어서 날짜를 잡아 건너가게 되었다. 식사를 하던 중에 보살님의 얼굴을 쳐다보니 느낌이 이상한 것이 아닌가.

"보살님! 어찌 얼굴이 불편하신 것 같습니다."

"요즘 좀 피로하네요. 이것저것 신경을 써서 그런지……"

"눈 색깔이나 얼굴빛이 병이 깊으신 것 같으신데 가까운 병원이라도 가서서 검사를 받아보시지 그러세요."

"스님이 그리 말씀하시니 제가 무슨 중병이라도 든 사람 같습니다. 좀 쉬고 나면 괜찮겠지요." 그렇게 대화를 주고받다 식사를 마치고 자리에서 일어나면서도 마음이 놓이지 않아서 병원에 꼭 다녀오시기를 부탁하고 돌아왔었다. 며칠 지나서 전화가 오셨다.

"스님! 암이라네요. 그것도 이미 주변 장기로 전이가 심하게 되어 있어서 수술도 못 한답니다."

"어허! 참…… 그래 무슨 암이라고 하던가요?"

"췌장암이라고 합니다.

이 암은 자각증세가 거의 없다가 말기에 이르러서야 증세가 감지되기 때문에 거의 죽음에 이르는 병이라고 한다네요. 이제 전 어떻게 해야 합니까?" 보살님은 이미 자신의 죽음을 준비라도 한 듯이 차분한 목소리로 내게 묻는다.

"부처님께서는 이 세상에 태어난 사람은 반드시 한 번은 죽는 다고 하셨습니다. 부처님도 그렇게 사시다 가셨고 저 또한 언젠 가는 부처님 뒤를 따라서 갈 것입니다. 보살님도 그러한 것이니 너무 슬퍼하시지 마시고 사시는 시간 동안 염불이나 열심히 하 시도록 합시다."

"네, 제가 살아오면서 이별의 아픔을 몇 번 겪은바가 있고 부 모님을 저 세상으로 보낼 때 큰 아픔을 겪기도 하였습니다. 그 래서 이별이란 단어가 주는 의미를 어느 정도는 알고 있습니다.

이제 제가 저의 죽음을 준비해야 한다니 인생사가 참으로 허 망하기 짝이 없네요. 또 다시 암이라는 고통이 찾아와서 저를 죽음으로 몰아가고 있다는 생각을 하니 아마도 전생에 많은 사 람들에게 원망스런 생각을 많이 하고 살았었나 봅니다. 그런데 스님! 저는 자식도 없고 남편은 저 죽으면 본처에게로 돌아갈 것 인데, 그럼 저의 사후는 어떻게 되는 건가요?"

"보살님! 그 부분은 너무 걱정하지 마세요. 제가 이생에서 보 살님과 인연이 되어 죽음까지도 함께 걱정하는 걸 보니 간단한 인연은 아닌 듯싶습니다. 보살님이 돌아가시면 정성껏 49재를 올려서 극락왕생하시도록 기도하겠습니다. 마음을 편히 가지세 요."

빈 손

인생사가

빈손으로 왔다 빈손으로

돌아가는 바를

모르는 바는 아니지만

죽음이라는

허망한 현실 앞에 서서

잠시 생각에 젖어본다.

과연 나는

'무엇을 가지고 저승으로 돌아갈 것인가?'

그리고

다시 이승으로

돌아올 기회가 있다면

그 때는,

'무엇을 가지고 이 땅에 올 것인가'?

나무지장보살 _()_

혼자 얘기하며 귀신이 보인다.

경기도 여주에 사시는 보살님에게는 아드님이 한 분 계시는데 아직 군대를 다녀오지 않는 청년이다. 어느 날 갑자기 이상한 사람들이 눈에 보이고 혼잣말처럼 얘기를 하기 시작하니 그런 모습을 지켜보는 가족들의 걱정이 태산이었다.

굿이고 천도재고 부적이고 좋다는 것을 하고 다니느라 지출한 돈도 꽤 되었는데 차도가 전혀 없으니 이제는 좋다는 것이 있어도 할 수도 없는 형편이라며 한숨을 쉬신다.

왜 내가 이런 사정을 듣고 있을까 하고 잠시 생각에 잠겼다가 생각되는 바가 있어서 아이를 한 번 데리고 와 보라고 말씀드렸더니 다음날 아이를 데리고 왔는데 눈빛 속에 영가의 기운이 가득 차 있는 것이다.

안타까운 마음이 일어서 이 천도재는 그냥 해서라도 젊은이의 앞길을 열어줘야겠다는 생각이 들어 즉석에서 날을 잡고 과일 세 가지 나물 세 가지 부침개 세 가지를 정해진 날짜에 가지고 오면 천도재를 해 드리겠다고 말씀드리고 돌려보냈다.

그 다음날 보살님으로부터 전화가 왔다. 아들이 아침에 일어나더니 새벽녘에 꿈을 꾸는데 많은 사람들이 깔끔한 옷을 차려입고서 절 마당에서 절을 하며 지장보살님을 염송하고 있더라는 것이다.

그 후 식구들이 정해준 날에 찾아오셔서 정성껏 천도재를 올려드렸는데 공덕이 있었던지 청년이 정상으로 돌아와서 공수부대를 지원해서 잘 다녀왔고, 지금은 119소방대에 근무하며 사회에 잘 적응하고 있다.

보왕삼매론

공부하는 데 마음에 장애 없기를 바라지 말라.

마음에 장애 없으면

배우는 것이 넘치게 되나니,

그러므로 성현이 말씀하시되

「장애 속에서 해탈을 얻으라」 하셨느니라.

모친을 죽이겠다고 하는 10살 딸

초등학교 3학년 학생으로 고운 얼굴에 말재간이 뛰어난 학생인 지영이가 어느 날 갑자기 어머니에게 눈을 흘기면서 "엄마! 나 생각나는 대로 말해도 돼?" 하고 묻더란다.

그래서 처음에는 영문을 모르니 그렇게 하라고 했더니 아이가 갑자기 태도를 돌변하더니 "야! 이년아! 너 죽을래? 모가지를 갈로 잘라버린다."

"이 미친년아! 귀를 칼로 잘라버린다. 창자를 꺼내서 피에다 밥 말아먹어 버린다." 하면서 쏘아보는데 그만 충격을 받고 뒤로 넘어질 뻔 했다는 것이다.

그래 야단을 치며 윽박질러서 아이가 험악한 말을 더 이상 못하게 하고 일단락되었는데 그 뒤로 그런 일이 몇 번이고 계속되니 나에게 이 일에 대하여 조언을 구해 왔다. 그래서 아이를 한 번 데려오라고 했더니 며칠 뒤에 모친이 아이와 함께 찾아왔다.

그래서 점검을 해 보니 '호랑이 뒤를 따라가다 꼬리를 밟아서 물려죽는다'는 형국이다. 내가 아이에게 묻길 혹시 그런 일이 일어나기 전에 무슨 꿈을 꾼 것이 있느냐 물으니 "네, 꿈속에서 호랑이 한 마리가 내게 뛰어들어서 놀라 소리 지르며 깨어났어요." 하는 것이다.

호랑이는 산신을 상징하니 산과 연관된 영가의 장난으로 생기는 현상이라 할 것이다. 묘소를 잘못 써서 조상 영가의 불편한 진실이 어린 후손에게 전달되어 해소해 달라는 것이기도 하다. 이런 경우를 다스리다 보면 한 번의 의식 과정을 통해서 정리되는 경우도 있지만 세 번의 의식을 통해야 되는 경우도 있다.

세 번의 의식 과정을 통해야 정리되는 것으로 판단되어 그렇게 하였더니 영가는 저승세계로 돌아가고 이내 아이는 정상으로 돌아오게 되었다.

망자가 접속되면
혈액 쪽에 병이 온다.

알고 지낸 지가 10여 년이 넘은 수원 무영심 보살님은 결혼을 하여 아들 둘을 두고 다복하니 살고 계신다. 어느 날 전화가 와서 신랑과 함께 차 한 잔 마시러 오시겠다고 하신다.

얼마 후에 오셔서 얘기를 나누는데 눈빛에 이상한 기운이 돌면서 말하는 것이 내 마음속의 안테나에 걸리면서 파열음을 내기 시작한다. 관음기도를 좀 할 것을 권하고 기도법을 알려드리며 기도하는 실습까지 선보여 드리며 이런저런 얘기를 하고 헤어지게 되었다.

그로부터 얼마 안 가서 보살님으로부터 전화가 걸려왔다. 전화를 받자마자 엉엉 울기 시작하시면서 남편을 살려달라는 것이다. 자초지종을 들어보니 남편이 혈액 쪽에 이상이 있어서 검사차 병원에 갔더니 입원치료를 하지 않으면 안 될 정도로 위험수위에 이르러 있다고 해서 응급실에서 검사를 받고 있다는 것이다.

그런데 남편이 스님을 보게 해 달라고 조른다는 것이다. 그래서 남편에게 전화기를 줘서 필자랑 통화를 하고 있는데 갑자기 전화기를 던지면서 난동을 부리기 시작하게 되었다.

부인과 부인 친구, 간호사들까지 발로 차고 난동을 부리면서 혀를 깨물며 자살을 시도하는 등 순식간에 응급실이 아수라장이 되었나 보다. 그래서 팔다리를 묶어 놓고 입안에는 안전장치를 하게 되었는데 남편이 부인을 죽일 듯이 노려보면서 돌아가신 할머니가 앞장서서 따라오라고 한다면서 몸을 움직이려고 하는 등의 상황이 계속되고 있었다.

혈액수치가 더 이상 병원에서 손을 쓸 수 없는 지경이라면서 병원에서도 환자를 그냥 방치해 두고 있었다. 그러니 부인으로서 의학의 힘으로도 어찌할 수 없다하니 절망적인 상황에서 지푸라기라도 붙잡는 심정으로 내게 전화를 해 온 것이었다. 점검을 해 보고 영가의 작용이 오랫동안 계속되어 상당히 뿌리가 내려진 상태라서 한 번의 천도의식으로는 안 되고 해서 세 번 하기로 하고 날짜를 정해주었다.

그런데 거짓말 같이 그 순간부터 남편의 혈액수치가 정상으로 돌아오게 되었으니 병원 의사들도 자기들로서는 알 수 없는 일이라면서 이제 다 나았으니 퇴원하라고 해서 퇴원을 하게 되었다. 이후 세 번의 천도의식을 통해서 깔끔히 정리 작업을 해서 이제는 건강하게 지내고 있다.

돌아가신 할머니가 손주가 사랑스럽다며 몸을 쓰다듬고 하는 것이 그 당사자에게는 심각한 혈액계통의 병을 발생하게 한 경우이다. 혈액계통의 상당수 환자와 신경증환자의 많은 수가 병이 깊어지면서 자연스럽게 영적작용에 연결되는 사례들을 많이 목격된다.

지장보살찬탄

지장대성신묘력(地藏大聖威神力) 항하사겁설난지
(恒河沙劫說難盡) 견문첨례일념간(見聞瞻禮一念間)
이익인천무량사(利益人天無量事) 고아일심귀명정
례(故我一心 歸命頂禮)

지장보살 위신력은 말로하기 어려옵고

잠깐 사이 보고, 듣고 한순간만 생각해도

그 복덕은 무량하니 지장보살님께

일심으로 고개 숙여 귀의합니다. _()_

망자는 자손의
정성으로 힘을 얻는다.

　　어느 여자 분이 돌아가신 지 몇 해가 지난 어머니가 허기진 모습에 초라한 행색을 하고 자기가 사는 집으로 들어오는 꿈을 몇 번 꾸었다고 한다. 자기는 성당에 나가면서 나름 기도를 올리고 했는데 꿈에 보이시니 마음에 걸린다고 한다.

　돌아가신 어머니가 절에 다니신 분이셨기에 어찌해야 할 것인지 묻는다. 어머니는 산 위에 떠도는 정처 없는 혼불 같은 존재로 스스로 자신의 앞길을 밝혀서 자기 길을 찾아가기에는 힘이 부치는 것이다. 마치 배터리가 다 된 전등을 들고서는 어두운 길을 안전하게 갈 수 없는 것과 같다.

　저승길을 밝혀 앞으로 나아가려면 지혜의 불빛으로 인도하는 작업이 필요하다. 물론 성당의 기도가 안 된다는 것은 아니다. 문제는 생전의 어머니가 불자로서 불교의식에 습관 되어 있고 저승길을 스스로 나아갈 수 있는 힘이 부치기 때문에 이에 불교의식을 통한 부처님의 지혜의 말씀으로 인도하는 의식이 적합하다 할 것이다.

　이에 택일하여 제사를 지내드렸는데 당일 새벽녘 꿈에 어머니가 깨끗한 옷으로 갈아입고 부처님을 향하여 삼배를 올리더니 "이제 나는 간다!"라는 말 한 마디 남기고 유유히 떠나가시더라는 것이다. 부모는 자신의 근본으로 삶의 뿌리가 되는 것이다.

육신의 몸을 벗어버린 상태에서는 더욱 효과적으로 자손에게 기운으로써 동기감응(同氣感應)을 일으키기 때문에 심신 양면에 걸쳐 영향이 크게 일어나게 된다. 제사는 바로 자기 삶의 기초를 관리하는 것이요, 행복한 삶을 위한 자기관리이기도 하다.

살아생전 관계가 좋지 않았다고 영가의 불편한 사실을 다스려드리지 않으면 그 불행은 고스란히 자기에게 돌아온다. 이것이 자연의 법칙이다.

보왕삼매론

일을 도모하는 데 쉽게 되기를 바라지 말라.

일이 쉽게 되면 뜻을 경솔한 데 두게 되나니,

그러므로 성인이 말씀하시되

「어려움을 겪어서 일을 성취하라」 하셨느니라.

망자의 기운이 자손에게로

어느 보살님이 남편의 술 중독 때문에 무정한 세월을 보냈는데 최근에는 여자와 돈 문제까지 얽힌 사고를 쳐서 더욱 살맛이 나지 않는다고 한탄하신다. 뭐든지 적정선을 넘으면 좋은 것도 그에 따른 부작용이 따르는 법인데 하물며 가정을 파탄지경으로 몰고 가는 큰 사고를 치고 말았으니 살아 있어도 산 목숨이 아니었을 것이다.

혹시 시아버지가 돌아가시지 않으셨냐고 물으니 그렇다고 하신다. 그럼 생전에 그분께서 술을 즐기셨느냐 물으니 시어머니 없이 사셔도 술 없이는 못 산다 할 정도로 술병을 품고 사신 어른이라면서 한평생 바람을 피우고 사셨다 한다.

자초지종을 들어보니 시아버지가 사업을 하시면서 해외도 자주 들락거릴 정도로 이름난 분이시고 인물도 좋으셔서 여자들이 끊어지지 않았다 한다. "돌아가신 후에 천도재를 해 드렸습니까?" 하고 물으니 "네, 동네에 조그마한 암자가 하나 있는데 그곳에서 한 번 해 드렸습니다."라고 하셨다.

"한 번이라니 그럼 49재를 올린 게 아니고 하루 천도재를 해 드렸다는 겁니까?"

"네, 당일 하루 정해서 해 드렸습니다."라고 한다. 자손들이 교회, 성당, 절 등으로 나눠져서 의견이 분분하여 공개적으로 할 수는 없었고 해서 마음이 찜찜하여 하루 날 잡아서 해 드렸다는 것이다.

점검을 해 보니 시아버지는 아직 자기 스스로의 힘으로 저승의 길을 개척해 갈 여력이 없으시고 큰아들인 남편에게 'SOS'

신호를 보내시면서 때를 기다리시는 것이다. 그러므로 생년 시 아버지의 습관이 남편에게 그대로 기운으로 흘러들어 와서 하루도 술이 없이는 살 수 없을 정도의 불안 증세를 일으키고 여색을 밝히면서 돈 지출이 심하게 일어나게 된 것이다.

적당한 날을 정해서 조상님을 불러 대접하고 길을 안내해 드렸더니 그렇게 술 없이는 단 하루도 지탱할 수 없을 정도로 불안감에 초조해하며 소심하던 남편이 술을 끊어버리고 기도 생활에 전념하고 있다고 한다. 조상님을 위한 천도재를 해 드린 그 날 새벽녘 꿈에 이제 나는 멀리 떠나간다고 손을 흔들면서 나가시더라는 것이다.

보왕삼매론

덕을 베풀려면 과보를 바라지 말라.

과보를 바라면 도모하는 뜻을 가지게 되나니,

그러므로 성인이 말씀하시되

「덕 베푼 것을 헌신짝처럼 버리라」 하셨느니라.

처자식을 위해 눈을 감을 수 없다.

의학이 발달되어 신기술과 질 높은 의약품이 쏟아져 나오는 시대에 산다지만 아직도 산간 깊은 골짜기에는 교통이 불편한 곳이 많다.

급성맹장염으로 배가 아파서 데굴데굴 구르다가 거의 의식불명 상태에 이른 어느 남자분이 많은 시간이 흐른 뒤 가까스로 119에 연결이 되어 시내 병원으로 옮겨졌는데 하필 그 시간에 급한 환자가 수술을 장시간 하는 바람에 또 다시 병원에서 수 시간을 보내게 되었다.

얼마를 기다렸을까, 앞선 환자의 수술이 끝나고 이제 수술대 위에 몸을 올렸는데 배를 갈라보고 나니 맹장이 다 터져서 더 이상 수술을 할 수 없는 지경에 이르게 되었으므로 그 상태로 뱃가죽만 꿰매고 그대로 퇴원을 하라고 하였나 보다.

다시 몇 시간을 달려 집에 와서 아픈 통증에 몸을 이리저리 뒤척이면서 입안이 타들어감으로 물! 물! 물을 찾으며 뜬 눈으로 숨을 거두게 되었는데 슬하에 처와 자식 둘이 있었나 보다. 가난한 시골 생활 속에서도 부부의 정이 좋아 눈 한 번 크게 뜰 일 없이 남편의 사랑을 받고 지내던 부인에게는 청천벽력이었다.

결국 초상을 치른 끝에 그 자리에 누워 3년 동안 병을 앓게 되었으니 집안 꼴은 말이 아니었고 조금 남은 살림살이는 병원비로 사용되고 가정경제는 바닥에 떨어져 버렸으니 두 자식을 데리고 살아 갈 길이 막막하게 되었다.

이즈음에 "내가 마누라와 자식을 살리기 위해서 왔노라!" 하면서 병석에 누워 신음하던 여인이 손뼉을 치고 그 자리에서 일어나서 춤을 덩실덩실 추게 되었으니 이것이 바로 죽은 남편의 영혼이 몸에 내린 것이었다. 깊은 시골이지만 막 신 내림을 하였다는 소문을 타고 많은 사람들이 찾아오게 되어 생활은 점점 안정을 찾아가게 되었다.

그러나 커나가는 자식들의 앞길과 주변의 따가운 시선을 견디기 어려운 심약한 부인인지라 무당의 삶을 청산하고 싶어서 도심으로 이사를 하고 모시던 신당은 장롱 안에 감춰 놓고 교회에도 나가 보고 하였다.

수시로 교역자들이 찾아와 집에서 예배하며 기도회를 열어서 정리 작업에 들어갔는데 그때마다 "이 년이 자기와 자식을 살려주기 위해 온 나를 내쫓으려고 한다."면서 자기 손으로 머리를 잡고 뒤흔드는 바람에 무더기로 머리가 뽑히는 일이 생기곤 하였다. 이렇듯 예배 기도모임이 끝나고 나면 다시 신이 들어와서 고통을 겪는 나날이 계속되고 있었다.

이 소식을 듣고 안타까운 마음이 들어 인편을 통해서 시간을 내서 한 번 찾아올 수 있으면 차나 한 잔 대접해 드리겠다고 전해 달라고 하였다. 어느 정도의 기간이 흐른 뒤에 그 부인을 만날 수 있었다.

이러저러한 얘기를 나눈 뒤에 필자가 말을 꺼내기 시작하였다. "백천만겁이라는 시간을 보내도 불법을 만나기 어렵다 하였습니다. 이제 이 스님이 부처님의 법력을 빌려서 영가님이 생전에 못다 하신 한스러움을 풀어드리고 어두운 저승의 문을 활짝 열어서 부처님이 계시는 극락세계로 인도를 해 드리고자 합니다. 따르시겠습니까?"

물으니 영가의 대답이 "내가 온 것은 나를 위한 길도 아니요, 이승에 남겨 두고 간 처자식의 삶의 문제를 해결해 주고자 한 것인데 나 혼자 좋은 데로 간들 무슨 소용이 있겠습니까?" 라는 것이다.

그래서 "그럼 영가님도 살 길을 찾아가고 이생에 남겨진 가족들도 살 길을 찾아드릴 것이니 그렇게 하면 되겠습니까?" 하니 "그런 일이라면 스님의 말씀을 따르겠습니다"라고 하신다.

그 길로 돌아와서 (영가와 약속을 지키고 남은 가족들의 앞길을 열어드려야겠다는 마음에서)49일 동안 부처님 전에 예배공양을 드리며 조상 영가의 생전에 못다 한 한을 풀어드리면서 박복한 가족들의 삶의 길을 열어 드려야겠다는 마음에서 천도의식을 극진히 모셔드렸다.

천도의식을 세 번째 하는 날 부인께서 찾아와서 말씀하시길 오늘 새벽녘 꿈에 남편이 위아래 신사복장에 반짝이는 구두와 영국 신사모에 지팡이를 짚으시면서 나타나시더니 이제 난 좋은 데로 갈 것이니 당신은 스님이 인도해 주는 대로 따라하여 살 길을 열어가라고 하시더라는 것이다.

이로 인하여 신심이 생긴 부인이 더욱 열심히 기도를 하시며 49일 기도를 원만히 끝마치게 되었고 부인은 정상인의 몸과 마음으로 돌아오게 되었다. 이후로 부인은 주무시기 전 필자가 숙제로 내준 108번의 광명진언 외우는 것을 열심히 실천하고 계신다.

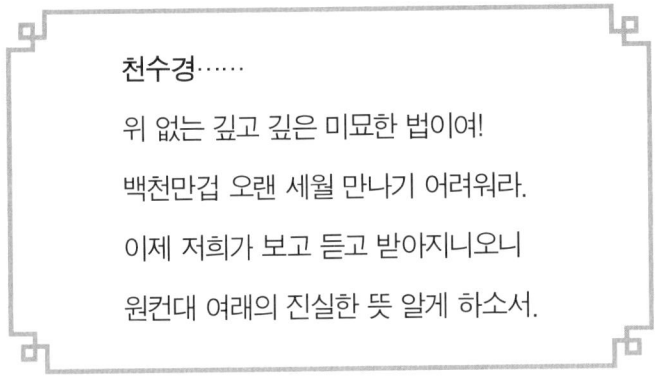

천수경……

위 없는 깊고 깊은 미묘한 법이여!

백천만겁 오랜 세월 만나기 어려워라.

이제 저희가 보고 듣고 받아지니오니

원컨대 여래의 진실한 뜻 알게 하소서.

복은 없었으나 어질던 할머니

토굴에서 공부하는 학생의 외할머니로 심성이 착하고 어지신 할머니가 계셨다. 학생의 인연으로 생전에 몇 번 뵙고 함께 식사를 하기도 하였다. 먼저 가신 할아버지가 젊었을 때는 주색잡기로 마음고생 시키고 나이 들어서는 풍으로 쓰러져서 몸고생을 죽도록 시키기도 하셨다.

그런가하면 슬하에 딸 둘이 있는데 큰딸이 풍으로 두 번 쓰러져 사람구실을 못하니 딸 가진 엄마로서 자식의 부족분을 채워주느라 청소며 빨래를 도맡아서 하였으며 작은딸은 못난 남편 만나 시달리다 농약을 마시고 자살을 하였으니 집안 꼴이 말이 아니었다.

불자이셨던 할머니는 마음고생, 몸고생이 크셨지만 모두가 자기 탓으로 돌리면서 곤고한 자신의 삶을 부처님 전에 기도하시면서 위로받으시며 사셨다.

어느 날 공부하는 학생에게서 할머니가 돌아가셨다는 연락이 왔다. 병원 영안실에 모셔져 있다하여 조문을 가서 편안히 가시라고 염불을 해 드리고 왔다.

장례를 마치고 공부하는 학생이 앞장서서 49재를 모시게 되었는데, 21일째 되는 세 번째 천도재 날 새벽녘 꿈에 아드님에게 어머니가 나타나서 하시는 말씀이 "내 너에게 밥 한 술 얻어먹으려고 왔다. 밥 좀 다오" 하시더라는 것이다.

그래서 간단하게 밥 한 그릇에 미역국 한 대접을 끓여 올렸더니 배부르게 드시고 하시는 말씀이 "이젠 됐다! 49일 채울 필요 없이 영가단에 내 초상화와 위패를 내려라!" 하시면서 유유히 살아지더라는 것이다.

생전에 자신에게 감당할 수 없는 힘겨운 삶의 무게를 견뎌내시면서 남을 원망하거나 헐뜯음 없이 착한 마음으로 사시면서 염불기도 열심히 하시더니, 49일을 다 채워도 해결되지 않는 경우들이 많은데 단 21일 동안의 천도의식으로 자신의 생전 인연을 훌훌 털고 바람처럼 떠나가실 수 있으시다는 생각에 절로 고개가 숙여졌다.

복이 없는 삶을 사는 분들을 관찰해 보면 다음 생 그 사람의 모습이 그려진다. 이 할머니처럼 힘겨운 삶을 이어가는 속에서도 자신의 부족함을 탓하며 가족의 짐까지 짊어지고 '팔자려니, 운명이려니' 하면서 끝없이 자신을 비우는 삶 속에서 기도를 놓지 않고 살다 가시는 분들은 분명 이 생에서 과거생의 업장을 다 녹이고 가시는 것이라 할 것이다.

그러나 똑같은 상황에 처하여도 대응하는 마음가짐이 다른 경우도 많이 보게 된다. 해결해야 할 숙제가 다음 생까지 이어져 있다고 할 것이다.

머리 긴 짐승은 곤경에 처해 있을 때 구해주면 '내 보따리 내놔라!' 한다지만 죽은 귀신(영가)이 갈 길을 잃고 떠돌게 될 때 자손이나 지인이 대신 복을 빌어주고 염불기도를 해 주면 그 힘을 받아서 생사의 구렁텅이에서 벗어나게 되어 그 은혜는 반드시 복으로 되돌려 주게 되는 것이다. 사는 것도 중요하지만 죽는 것은 더욱 중요하다 할 것이다. '어떻게 사느냐' 그리고 '어떤 모습으로 죽을 것이냐' 이것이 문제이다.

보왕삼매론

남이 내 뜻대로 순종해 주기를 바라지 말라.

남이 내 뜻대로 순종해 주면

마음이 스스로 교만해지나니,

그러므로 성인이 말씀하시되

「내 뜻에 맞지 않는 사람들로써 원림(園林)을 삼

으라」 하셨느니라.

이놈아! 바쁘더라도
한 번 다녀가거라.

서울에 사는 서 사장 내외는 결혼을 늦게 하였는데 원하는 자식이 생기지 않으니 고민 끝에 병원시술을 통해서라도 아기를 만들기로 결정했다. 그래서 정기적으로 병원을 다니는데 몇 번의 시도를 했지만 아이가 들어서질 않는다고 고민을 해 왔다.

평소에 인연이 각별한지라 필자 역시 고민이 되어서 말없이 7

일 관음기도에 들어갔는데 3일차 되는 아침에 서 사장에게 전화가 와서 오늘 새벽꿈에 돌아가신 모친이 나타나서 "이놈아! 사느라 그리 바쁘나? 언제 시간 한 번 내서 내게 다녀가거라" 하고 사라지시더라는 것이다.

"오호! 서 사장님! 좋은 일이 있으려나 봅니다. 시간 내서 모친의 묘소를 찾아가 인사라도 하고 오시지요"

"내게 좋은 일이라면 뭘까요?"

"그야 사업은 잘 되고 있으니 자식 잉태하는 것이 해결해야 할 숙제 아닙니까?"

"그야 그렇지요. 다녀오면 뭔가 좋은 일이 있으려나요?"

"돌아가신 양반이 쓸데없이 바쁜 아드님을 한 번 다녀가라 하겠습니까. 뭔가 선물을 준비하고 계시겠지요."

며칠 뒤에 시간을 내서 모친을 화장하여 뿌려드린 동해안 감포 앞바다를 다녀왔다고 한다. 그런 일이 있고 곧바로 아들이 들어섰는데 자신도 생각해 봐도 신통방통한 일이라면서 즐거워하신다.

"혹 돌아가신 모친이 때를 기다리시다 아드님에게 오신 것이 아닌가 하는 그런 생각도 듭니다. 태어나거든 모친의 환생이라 생각하시고 많은 사랑 베풀면서 키우시기 바랍니다."라고 말씀드렸다.

정 보살님의 극락 여행기

정 보살님은 필자에게 아주 특별한 인연이시다. 출가 전에서부터 물심양면으로 필자의 공부에 지원을 아끼지 않으시던 분이시다.

필자가 출가 후에 그 분에게 받은 사랑의 빚을 조금이나마 갚아야겠다는 생각이 들어 머물던 도량으로 21일 동안 모시고 지장기도를 함께할 기회가 있었다. 4분 정근을 매일 하는데 보살님께서 얼마나 염불을 신심 넘치게 하시는지 목탁이 깨지도록 쳐가면서 기도를 할 수 있었다.

그러던 어느 날 보살님께서 기도가 끝난 뒤 법당을 나가려는 나를 조용히 부르신다. "스님! 잠시 드릴 말씀이 있습니다. 비몽사몽간에 말로 표현할 수 없을 정도로 많은 경험을 하게 되었습니다."

"무슨 체험이라도 있었습니까?"

"네, 제가 기도를 하는데 어느 순간 몰입이 되면서 법당에 주불이신 분이 일어나서 내려오시더니 나에게 무언의 말씀을 하시길래 따라 오라는 신호로 알고 뒤를 따르는데 어디론가 한없이 날아가시더니 큰 문 앞에 이르렀습니다.

번개가 치듯이 큰 소리가 나며 큰 문이 열리는데, 그런 문 열 두 개를 여시고 들어가시니 바닥은 유리보석으로 깔려있고 꽃에서 빛이 뿜어져 나오고 벌과 나비, 그리고 각종 새들이 서로들 무언의 대화를 하는 소리를 내는데 세상에 이런 곳도 있는가 하고 감탄을 하고 서 있었습니다.

그때 어마어마한 큰 부처님이 설법을 하시는 장소 같은데 구름같이 청중들이 운집해 있고 스님들과 보살님들이 자리를 잡고 두 손을 앞에 가지런히 합장한 상태로 계시는데 얼마나 환희심이 일어나는지 기분이 너무 좋았습니다.

한참을 이리저리 다니면서 구경을 하면서 나도 언젠가 이곳에 와서 살고 싶다는 생각을 냈는데 그 순간 저를 인솔하신 그 분께서 고개를 끄덕끄덕하시면서 따라오라는 무언의 말씀을 하시더군요. 참으로 묘하죠?"

"아하! 보살님께서 기도를 열심히 하시더니 부처님의 사랑을 듬뿍 받으셨군요. 축하드립니다."

"네, 감사합니다. 그런데 이번에는 또 다른 방향으로 저를 인도하시는데 역시 큰 대문 앞에 서시니 그 큰 문이 우르르쾅! 소리를 내면서 열리더이다.

그러기를 일곱 대문을 여시며 통과하시면서 어느 세계에 들어섰는데 이곳저곳에서 비명소리와 살려달라는 아우성 소리가 들려오면서 고통 받는 사람들이 보이는데 그런 처참한 모습은 이 땅에는 없을 것입니다.

뱀이 온 몸을 감고 목을 조였다 풀었다 하기를 수도 없이 반복하니 사람들의 숨이 끊어졌다 붙었다를 반복하고 있었고 좀 더 지나가니 뜨거운 기름 가마 속에 알몸으로 사람들을 집어넣고 빼기를 반복하니 그 뜨거움에 고통은 말로 표현할 수 없을 정도였습니다.

다시 앞으로 좀 더 걸어 나가니 이번에는 알몸의 여자들을 두 다리를 양 쪽으로 벌리도록 묶어 놨는데 전봇대만한 기구를 여자의 가랑이 사이에 넣고 빼기를 반복하니 살려달라는 비명소리가 가득하였습니다.

다시 앞으로 나아가니 요 며칠 전에 이 도량에 다녀가신 그 남자분이 보이는데 온 몸을 뱀이 칭칭감고서는 물어뜯으면서 독을 내뿜는데 그 때마다 '잘못했습니다', '살려만 주십시오' 하는 소리가 진동하더이다.

그렇게 이곳저곳을 다니면서 여러 가지 형태로 고통 받는 사람들의 절규하는 소리를 듣게 되었습니다.

한참 시간이 지났을까 인솔하신 분께서 무언의 말씀으로 '이제 알겠는가? 구경 잘하셨는가?' 하시면서 고개를 끄떡이시더니 앞장서서 걸어가시길래 그 뒤를 따라서 오다가 정신을 차려 보니 법당이었습니다.

저를 인솔하신 분이 법당 중앙에 좌정하신 이 분 이셨습니다. 스님! 저 분이 누구십니까?"

"네, 저 분은 아미타부처님으로 보살님이 다녀오신 극락세계의 주인이십니다.

보살님이 기도의 신심이 깊으셔서 아미타부처님이 손수 앞장서서 극락세계와 지옥을 여행할 수 있는 기회를 주신 것 같습니다. 금방 경험하신 내용을 가슴속에 잘 간직하시고 더욱 열심히 기도에 열중하시기 바랍니다."

이 체험을 하신 정 보살님은 한글 교육도 받지 못하신 문맹이었다.

그 이후로 많은 기도 체험을 겪은 분으로 기도하는 불자들에게 많은 귀감이 되었다. 지금 평택의 정 보살님은 고인이 되시었는데 분명 극락세계에 왕생하셨을 것이라 믿는다.

> **법구경**(法句經)
>
> 아무리 많은 경전을 외워도
>
> 뜻을 모르면 무엇이 유익하리
>
> 단 한 구절의 법을 알아도
>
> 그것을 실행하면 도를 얻으리.

지장보살전에 결판기도를 붙이다.

수원에 장사를 하는 삼십대 초반 남자분이 계셨다. 신기운이 집안에 감돌고 있어서 부모에서부터 형제들 모두 공황장애를 겪고 있었으며 생활고는 물론 결혼하면 하나같이 다 이혼을 하는 그런 가정의 사람이었다.

5형제였는데 모두 이혼의 경력이 있었다. 그동안 여러 가지 일들을 시도하였으나 하는 일마다 실패이니 이제는 더 이상 새로운 일을 시도할 엄두가 나지 않았다. 이분이 어느 날 방문하여 애기를 나눌 기회가 있었다. "스님! 저 같이 지지리 복 없는 팔자를 타고난 사람도 있습니까?"

"그 무슨 말씀을 그리.……"

"아니 스님도 아시다시피 집안 사정도 그렇고 어찌 하는 일마다 단 한 번이라도 성공해 본 적이 없으니 이래서야 세상 살 수 있겠습니까?"

"음…… 고향이 어디신지요?"

"고향은 경주 남산골입니다."

"오호! 언젠가 남산이란 동네에 가 볼 기회가 있었는데 석불이 많이 조성되어 있던데 관리가 소홀해서 방치되어 있는 게 안타깝더군요."

"네, 그 동네가 그렇습니다. 그런데 고향을 물으신 이유라도 계십니까?"

"네, 그 동네에 절이 있던가요?"

"네, 옥룡암이라고 주인은 따로 계시고 인연된 스님이 관리하고 있는데 절 분위기가 거의 죽어있습니다."

"그럼 언제 그곳 절에 가서 부처님께 절을 올리시고 나서 바른 길로 인도해 주십사하고 부탁을 드리고 오셔보세요."

"음…… 네, 그렇게 말씀하시는 뜻이 계시리라 생각하고 날을 잡아서 다녀오겠습니다."

이후 며칠이 지난 어느 날 아침 "스님! 저 경주 옥룡암에 다녀왔습니다." 하면서 마당으로 들어오는 모습이 보였다. "어서 오세요. 그래 다녀오시고 난 이후 무슨 좋은 생각이라도 떠올랐습니까?"

"글쎄요. 좋다고 해야 하는지…… 음, 사실은 그날 다녀와서 잠을 자는데 꿈에 머리를 짧게 깎은 스님이 손에 철장을 잡고 제가 누워있는 방안으로 들어오시더니 혀를 차시면서 '쯧쯧 그놈의 여자 생각만 끊어버리면 스님이 되면 참 좋겠는데 그놈의 여자 생각을 못 끊고 그러시나!' 하시면서 사라지시더군요."

"그래, 본인 생각은 어떠신가요?"
"저도 출가하여 공부해 볼 생각은 있지만 꿈속에 스님이 말씀하신대로 여자 문제를 끊을 수 있을지는 제 자신도 모르는 문제입니다. 이래서야 출가할 수 있겠습니까?"

"그럼 제 말대로 해 보시겠어요?"
"네, 말씀해 보시지요."
"강원도 철원에 가면 심원사라고 지장도량이 있는데 그곳에 가서 21일 동안 결판기도를 해 보시기 바랍니다.

아주 이것이냐 저것이냐 양단간에 결단을 내리기 위해서 기도를 하는 것입니다."

"음…… 네, 그럼 그렇게 해 보겠습니다."

그렇게 하고 헤어져 주어진 일과에 바빠서 잊어버리고 있었는데 그 분이 기도를 끝내고 찾아왔다.

"스님! 저 출가하렵니다."

"오호! 어떻게 그리 결단을 내렸습니까?"

"스님이 주신 숙제대로 하니 마음이 정리가 되었습니다. 21일 동안 기도를 하다 보니 제가 전생에 스님이었다는 느낌이 들었고, 그 느낌이 일어나자마자 현실적인 삶을 살고자하는 것은 지금껏 살아오면서 현실에 맞춰서 생각했던 부분이었고 제 삶은 거기에 있는 것이 아니라는 것을 알 수 있었습니다." 하면서 그간 기도 기간에서 있었던 출가에 대한 선몽 얘기를 들으면서 많은 생각을 하게 되었다. 지금은 출가하여 스님으로서 열심히 살고 계신다. 궁하면 통하는 법이니 세상사 열심히 살다가 도저히 답을 찾기 어려울 때는 결판기도를 해 보는 것도 좋을 것이다. 장소가 꼭 절이 아니어도 집에서라도 조용한 시간을 택해서 하시면 될 것이다.

이런 게 천생연분일까?

너무 깔끔하신 할머니가 한 분 계시는데 절에서는 '물찬 제비' 보살님이라고 부른다. 그 보살님이 지나가시면 그 주변은 먼지하나 없이 깔끔하게 된다는 데서 절 식구들이 붙여준 별명이다.

이 보살님께 고민이 하나 있는데 서른을 갓 넘긴 막내딸이 시집갈 생각을 안 하고 있다는 것이다. 아직 인연이 이르지 않아서 그런 것인지 아니면 팔자에 남편이 없이 살라고 되어 있는지 걱정이 되신다 한다.

"물찬 제비 보살님! 뭘 그리 걱정하십니까? 그럴 시간 있으시면 부처님 전에 인연기도나 올리시지 그래요? 칠월칠석도 얼마 남지 않았으니 이번 초하루부터 시작해서 칠석날 회향하시지요."

"그럴까요? 그럼 작정하고 일주일 기도 하겠습니다." 이렇게 기도가 시작되게 되었는데 회향날 재밌는 일이 벌어졌다.

모친이 칠월칠석날 칠일기도 회향을 하기 위해서 따님에게 절 입구까지만 데려다 달라 해서 차를 타고 절 입구까지 오게 되었단다. 부처님께 인사라도 하고 가는 것이 예의 같아서 따님에게 절만 하고 가도 된다고 하니 그렇게 하겠다고 절 안으로 들어가는 길목에서 생각지도 않은 사건이 일어나게 되었다.

그때 개인적인 사정으로 일찍 절에 들려서 부처님께 인사나 하고 가려고 먼저 왔다 가시는 어느 보살님이 계셨는데 절 골목 길에서 나가고 들어가면서 먼저 나가시는 보살님 쪽에서 물찬 제비 보살님의 따님을 보고 하신다는 말씀이,
"어허! 이 누구야! 간밤에 꿈을 꾸었는데 거기서 본 아가씨 같은데 참 이상타!" 그 순간 아가씨도 "아하! 저도 어제 밤 꿈에 보살님을 뵈었는데요. 전 단지 꿈이었나 보다 하고 잊어버렸는데 꿈이 현실로 나타나니 저도 어안이 벙벙합니다." 하는 것이 아닌가.

자초지종을 들어보니 먼저 나가시는 보살님에게는 대학원 연구원으로 몸을 담고 있는 큰아들이 있는데 그동안 선을 서른

번 이상 보았다는 것이다. 그런데 선을 한 번만 보면 상대 아가씨를 두 번은 안 보겠다고 하는 바람에 부모로서 죽겠다는 것이다.

그래서 이번 칠성기도에는 견우와 직녀가 만나는 일화도 있고 해서 부처님께 특별히 아들의 인연을 맺어달라는 기도를 올리고 있었다는 것이다. 그런데 어젯밤 꿈에 넓은 정원이 있는 야외에서 누군가 예식이 있다 해서 손님으로 참석을 하게 되었는데, 들리는 소식이 다른 사람이 아니라 아들의 결혼식이라고 하더라는 것이다.

반가운 마음에 많은 사람들을 손으로 밀어내고 며느리 되는 아가씨가 어떻게 생겼는지 얼굴을 봐야겠다고 다가가니 어허! 꿈속의 며느리의 얼굴이 바로 물찬 제비 보살님의 따님이라는 것이다. 또 물찬 제비 보살님 따님도 어젯밤 꿈을 꾸었는데 어느 보살님이 다가와서 "두 손을 합장하거라!" 하더라는 것이다.

그래서 "전 싫어요" 하고 거부를 하고 있었는데 장면이 바뀌더니 어느새 두 손을 합장하고 있는데 보살님이 "그럼 그렇게 하여야 되느니라" 라고 하더라는 것이다. 그래서 있는 힘을 다해 마주 붙은 두 손을 떼려고 안간힘을 쓰는데 떨어지지 않더라는 것이다.

그래도 다시 있는 힘을 다해 떼려고 하는데 도저히 떨어지지 않아서 그만 포기하고 있는데 그 보살님이 더욱 가까이 오시더니 자비스런 미소를 지으시더라는 것이다. 그런데 지금 자기 앞에 서 있는 이 보살님이 꿈속의 보살님의 얼굴 그대로라는 것이다.

그래 서로 손을 맞잡고 상대 보살님이 끄는 대로 그 분 집으로 옮겨가서 얘기를 계속 나누게 되었단다. 집에 도착하여 응접실에 모여앉아서 차를 한 잔씩 하면서 이층 방에서 감기몸살로 이불을 뒤집어쓰고 있는 아들을 내려오라고 하였다.

안 내려오겠다고 버티던 아들이 어머니의 성화에 못 이겨서 머리도 덥수룩한 모습으로 눈을 비비고 내려오다가 아가씨를 보고 눈에 번갯불이 튀게 된 것이었다. 선을 수십 번을 봤어도 없었던 느낌이 있었다는 것이다. 이것을 일러 천생연분이라 하는가!

이후 두 총각 처녀는 급속도로 가까워지게 되었고 결혼에 이르게 되었다. 시어머니가 4층 건물 하나를 결혼 선물로 사주어서 생활에 불편함 없이 아들 딸 하나씩 낳아 잘 살고 있다.

일심으로 관세음보살님께 의지하옵니다.

푸른 물결 넘실대는 푸른 절벽 끊긴 곳에

거룩하신 보타낙가 대자본존 도량교주

서른둘의 응화신과 열네 가지 무외력과

네 가지의 부사의덕 걸림 없이 쓰시올제

8만4천 삭가라수 8만4천 모다라비

8만4천 청정눈매 원만하게 갖추시고

혹은 자비 혹은 위엄 가지가지 몸나투어

중생들의 원하는 바 고루고루 몸나투어

온갖 고통 없애 주고 즐거움을 베푸시는

대자대비 대성자모 성관자재 보살이시여!

황금 열쇠 두 개를 받다.

부산 연산동에 사시는 이 여사님은 한때 잘 나가며 남부럽지 않게 사셨는데 남편이 돌아가신 뒤부터 가세가 기울어지기 시작하더니 빚 독촉에 시달리게 되었다.

그래서 가지고 있는 상가 건물 두 개를 정리하려고 내놓았지만 보고 가는 사람만 한두 명 있을 뿐 돌아가면 소식들이 없으니 원금에 이자는 늘고 시름이 깊어만 갔다. 어느 날 어찌해야 하느냐고 물어오셨다.

"보살님! 급할 때는 바짓가랑이라도 붙잡고서 살려달라고 늘어지는 것이 상책입니다."

"네, 그래서 이렇게 방법을 찾아보려고 하는 것입니다. 기도하면 될까요?"

"기도를 하시되 주변 돌아볼 겨를 없이 앞만 보고 한 길로 밀고 나가야 합니다.

가까운 동네에 선암사라는 절이 있을 것이니 그곳 지장전에 가서서 혼자서 향 하나 사르시고 '앞으로 일주일 동안 기도할 것이니 제 뜻을 꼭 이루어 주시기 바랍니다. 나무지장보살!' 하고 기도하세요." 이렇게 숙제를 내드리고 돌려보냈다.

기도하신지 6일째 오후에 전화를 주셨는데 "스님! 새벽에 꿈을 꾸니 어느 스님이 찾아오시더니 기도하는 자기 앞에다 황금으로 된 열쇠 두 개를 던져주시고 유유히 사라지셨습니다. 이것이 응답이실 까요?"

"네 그러신 것 같습니다. 황금 열쇠는 행운을 상징하고 굳게 닫힌 자물통을 여는 역할을 하는 것이므로 조만간에 상가 건물이 매매되겠습니다."

"네, 저도 열쇠가 두 개라서 상가 건물 두 개가 정리되겠구나 하고 생각하고 있었습니다. 그렇게만 된다면 얼마나 좋겠습니까!" 얼마 안 가서 다시 전화를 하셨는데 저번에 건물을 보고 간 사람이 사시겠다고 하여서 하나는 매매가 되었다고 하셨다. 또 며칠이 지나서 새로운 사람이 남은 하나를 구매하겠다고 해서 매매가 성립되게 되어 빚을 모두 정리하셨다.

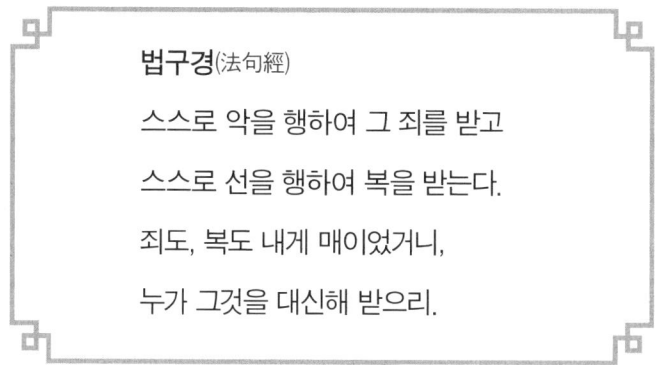

법구경(法句經)

스스로 악을 행하여 그 죄를 받고

스스로 선을 행하여 복을 받는다.

죄도, 복도 내게 매이었거니,

누가 그것을 대신해 받으리.

광명진언으로 동생을 천도하다.

종로에 사시는 무명심 보살님께서는 친정으로부터 물려받은 집안의 업보가 있으신지 항상 친정 걱정이 많으시던 분이다. 몇 년 전에는 여동생이 자신의 삶을 비관한 나머지 한강에 뛰어들어 자살한 채 발견되기도 하였다.

불교에 귀의한 지는 얼마 되지 않아서 부처님의 가르침이나 절 법도에 대하여 아직은 많이 모르시다 보니 동생의 천도재도

해 주지 못하고 지나가고 말았다. 그러던 어느 날 꿈에 자살한 동생이 물에 젖은 모습으로 나타나 춥고 배고파 죽겠다며 오한 든 환자처럼 떨고 있더라는 것이다. 이를 어찌해야 할 것인지 물으셨다.

그래서 21일 동안 광명진언을 염송하라고 숙제를 내주었다. 향이 다 타려면 긴 것은 1시간, 짧은 것은 30분이 걸린다. 자신에게 가능한 시간을 정해서 21일 동안 동생의 극락왕생을 발원하며 열심히 염송하라고 말씀드렸다. 그렇게 하여 시작된 기도가 절반을 넘어갈 무렵인 어느 날, 여느 날과 다름없이 광명진언을 외우고 있었다.

비몽사몽간에 옷을 깨끗이 입고 머리칼을 단정하게 다듬은 동생이 다가오더니 언니 덕분에 이제 자신은 갈 길을 찾아가게 되었다고 하면서 그 고마움의 표시로 큰절을 하더라는 것이다. 그러고서는 무지개를 타고 하늘로 날아가면서 손을 흔들어 보이더라는 것이다. 무명심 보살님은 그 이후로 더욱 기도 생활에 열중하고 사신다.

바로 누어 자지 못하던 병이 낫다.

창원에 사시는 어느 할머니는 남편을 일찍 여의고 혼자서 7남매를 키워내시며 살림을 꾸리시느라 몸과 마음이 많이 병이 드시게 되었다. 특히나 밤이 되어 주무시려고 등짝을 방바닥에 되면 "머리가 쏟아져 내린다"고 표현하시며 바로 눕지를 못하시고 경사지게 해서 누우셔야 비로소 잠을 청할 수 있는 고통이 따르셨다.

따님 되시는 분이 어떻게 하면 우리 어머니가 편히 누어 주무실 수 있겠는지 묻는다. 진료는 의사에게 약은 약사에게 부탁해야 할 것이나 어떤 현상이든지 마음으로부터 벗어나 있는 것은 없는 것이니 지금 앓고 있는 증세도 그 원인이 무의식속에 뿌리

내리고 있을 것이다.

그러므로 기도로써 다스려질 수 있는 것이 사실이다. 따님에게 21일 동안 지장기도를 올릴 것을 숙제로 내주었다. 아파트 거실 한 쪽에 지장보살님 사진을 놓고서 108배와 함께 지장정근을 하시도록 말씀드렸다.

어떠한 일이 있더라도 반드시 21일 기간을 지켜야 한다는 약속을 하도록 했다. 그리고 21일이 되는 새벽녘 꿈에 철장을 잡은 어느 스님이 오시더니 어머니에게 가자고 하시더라는 것이다.

어머니 집에 가니 평소와 다름없이 경사지게 기대어 누워 주무시는 모습이 눈에 들어오는데 철장 짚은 스님께서 어느새 큰 침을 손에 쥐고 어머니의 머리 한 중앙에다 찔러 넣으셔서 좌로 돌리고 우로 돌리고를 하시니 어머니께서 "아이고! 나 죽는다!" 소리를 지르시는 바람에 자신도 놀래서 잠에서 깼다고 한다.

그래서 오늘 회향기도는 더욱 정성스런 마음으로 올렸다고 하면서 전화가 왔다. "보살님! 정성이 지극하셔서 지장보살님이 움직여 주셨나 봅니다. 아마 어머니의 머리 아픈 증세도 없어지셨을 것입니다."

"스님! 그런데 어머니의 근황을 살피려고 전화를 드렸는데 어제 이상한 꿈을 꾸었다고 합니다. 어머니가 머리를 오랫동안 감지 않아서 지저분하고 머릿속에 이들이 우글거리더라는 것입니다. 그래서 머리를 밀고 씻으니 그렇게 머릿속이 개운하시더라는 것입니다."

"네, 이제 다시는 머리 때문에 고통을 호소하시지 않을 것입니다. 이번 기회를 계기로 더욱 기도정진하시기 바랍니다." 이후 따님은 정식으로 불명을 받고 기도 생활을 열심히 하고 사신다.

참회게(懺悔偈)

아득히 먼 옛날부터 내가 지은 모든 악업

뿌리 없는 탐진치로 인하였고

몸과 입과 뜻을 따라 무명으로 지었기에

나는 지금 진심으로 참회하고 비나이다.

참회진언(懺悔眞言)

옴 살바못자 모지 사다야 사바하!

할아버지의 진노에 풍을 맞다.

서울에 진 사장님이 계시는데 기독교를 신봉하는 집안이라서 조상봉양에 대한 각별한 마음들이 부족하다. 사업하느라 애를 쓰다 보니 혈압이 신경 쓰이곤 하였는데 최근에는 수치가 더욱 올라가서 병원신세를 지게 되었다.

2인 병실에 입원하여 치료를 받고 있는 어느 날 옆에 누워있는 환자의 보호자가 기도 생활을 열심히 하시면서 간간이 필자가 있는 토굴에도 먹을 것을 가지고 오시는 분이셨다.

마음의 눈으로 보니 어떤 할아버지가 지팡이를 들고 진 사장님의 오른쪽 팔을 사정없이 내리치시더라는 것이다. "어! 할아버지께서 왜 그러세요?" 소리를 치자 처사님은 오른팔을 후들후들 떨기 시작하였다.

혈압치료차 병원에 왔다가 풍을 맞은 꼴이 되었던 것이다. 자초지종을 들어보니 원래 대대로 불교집안으로 지내다 어느 때부터인지 기독교 일색으로 변해버려서 조상 제사나 조상을 위한 기도는 없어진 지 오래라고 한다.

집에서 기르는 개도 주인이 먹을 것을 주면 꼬리를 흔들어 반기며 좋다고 하지만, 만약에 몇 날 며칠을 굶기게 되면 어떻게 되겠는가? 금강산도 식후경이요, 굶주림 앞에서는 양반이고 상놈이고 없는 것이 바로 음식 문제다.

그래서 보살님이 진 사장님 문제로 연락을 하셨다. "스님! 앞날이 구만리 같은 젊은 사장님인데 어떻게 좋은 방법이 없을까요? 제가 볼 때는 조상 영가 문제가 발생한 것 같은데 말이죠."

"네, 당연한 문제 아니겠습니까?"

보살님이 병실에 함께 계시니 그 분을 위해 기도를 좀 해 드리시지 그래요. 물론 자신도 그에 따른 선행이 있어야 하겠고요."

"제가 무슨 힘이 있다고 그러세요. 스님이 방법을 일러주세요."

"제가 방금 일러드렸잖아요. 일단 그 풍 맞은 팔에 붙어 있는 조상 영가의 진노를 풀어주기 위해서 보살님께서 수시로 마음속 기도를 해 주시고 그 진 사장님에게는 병원을 나가게 되는 날 바로 할아버지를 위해서 천도재를 올려드리겠다고 마음속으로 다짐을 하라고 하세요. 그럼 차차 좋아지실 겁니다." 라고 숙제를 내드렸다.

그런데 신통하게도 그렇게 후들후들 떨리던 팔이 서서히 진정되더니 아무렇지 않게 되었으니 귀신이 곡할 노릇인지 아니면 귀신이 좋아해야 할 노릇인지 이 일을 계기로 진 처사님은 조상과 자기 삶의 연결고리를 생각해 보며 자기 삶을 관리하는 데서 제외하고 소홀히 다루던 뿌리에 대한 인식을 다시 하게 되었다.

피똥 싸는 스님

경기도 모처에서 피똥을 싸던 처사님이 살고 계셨다. 여러 가지 치료를 하다 약발이 들지 않아서 굿을 하게 되었는데 병을 치료하기 위한 굿이 결국 신굿이 되어 집안에 신당을 모시게 되었다.

자신은 병을 다스리고자 시작한 굿이 결국은 무당이 되어 신당을 모시게 되었으니 자신은 물론 집안 식구 모두 황당한 현실 앞에 어찌할 바를 모르고 있었다. 거기다 말문도 트이지 않았으니 손님을 볼 수도 없는 형편이었고 선무당의 길을 지내던 어느 날 "사나이 장부로 태어나서 어찌 하고 많은 일중에 무당 일을 하고 산단 말인가……

그럴 바에는 차라리 출가하여 부처님께 의탁하며 사는 것이

낫겠다!"는 생각에 이르러 인근에 있는 사찰로 출가하게 되었다. 출가 초기에도 계속 피똥이 나오니 강원이나 선방에 가서 공부할 수는 없는 입장이고 해서 기도도량에 들어가서 천일 지장 기도를 시작하였다. 기도를 시작할 때 집에서 모시던 신당을 다 철수시켜서 절에 가져와 소각하였다.

백 일, 이백 일, 삼백 일…… 어느 시기에 이르니 피똥은 자연히 없어지게 되었다. 스님은 더욱더 기도에 전념하게 되었는데 기도가 진행되면서 자신이 왜 피똥을 싸게 되었는지 그 업보를 알게 되었다.

지금이야 소나 돼지의 도축이 합법적으로 되는 세상이지만 그 옛날에는 지방에서 불법 도축을 해서 서울로 보내는 일이 있었다.

그래서 자기가 살던 마당에 시골 이곳저곳에서 사들인 돼지나 소를 때려잡고 칼질을 하는 일들이 수시로 일어났었다. 집 마당에서는 살생이 일어나고 있었지만, 매일 매일 소나 돼지고기를 먹고 자랄 수는 있었다.

기도가 진행되면서 도축으로 죽어나가는 소, 돼지의 한 맺힌 기운들이 자신의 무의식에 침투에 들어와서 피를 부르게 된 것임을 알게 되었다.

살생이 기운이 무의식 속에 있다 기도의 기운으로 마치 질긴

잡초뿌리가 땅속에 엉켜서 뿌리를 깊게 내리고 있는 것을 알게 되었고, 그 느낌이 일어날 때마다 미치기 직전까지 가는 괴로움을 겪게 되었다. 죄 없는 짐승들에게 사죄를 하며 극락왕생을 발원하고 하루하루를 기도로 이어가게 되었던 것이다.

스님의 경우는 원한 맺힌 살기가 건강으로 찾아든 것이니 다행이지만, 만약 외부에서 일어나는 사건,사고로 이어진 피의 보복이었다면 어찌할 뻔 했을까 생각하면 소름이 끼칠 일인 것이다.

대형 참사를 당해 현장에서 처참하게 몸이 찢겨져 죽는 일이나 강도의 칼에 찔려 상해를 입거나 살인자를 만나서 몸이 토막 살인을 당한다거나 하는 끔찍한 일들로 연결될 수도 있을 문제인 것이다.

부모님이 가족의 생계가 달린 문제라서 불법 도축 일을 허용하셔서 보릿고개 시절 고깃국이 떨어지지 않게 먹고 자랄 수는 있었지만, 그 소, 돼지의 한 맺힌 절규가 자신에게 집중적으로 몰려들어 한을 풀어주길 바라는, 어떻게 보면 해원을 위한 길을 만들어 놓은 것이라고도 볼 수 있다.

이런 경우에는 불행 중 다행이라고 할 것인데 여기에는 이 스님의 과거 전생과도 무관하지 않다고 할 것이다. 그것은 수행의 선한 공덕이 잠재되어 있었던 것이다.

그게 아니었다면 현실적으로 살생을 당하는 비참한 지경에 떨어질 수도 있는 것이다. 연일 보도되는 사건사고의 참상들을 보면서 그 인과의 냉엄한 이치에 두려움을 가지지 않을 수 없다. 지금 스님은 천 일 기도를 잘 마무리 하시고 신심 있는 어느 보살님이 절을 지어주셔서 주지스님으로 몸을 담고 계신다.

> **참회진언**(懺悔眞言)
>
> 「옴 살바못자 모지 사다야 사바하」
>
> 자성 없는 모든 죄업 마음에서 일어나니
>
> 마음만 없어지면 죄 또한 사라지네
>
> 죄와 마음 모두 없애 두 가지다 공해지면
>
> 이 경지를 이름 하여 진참회라 한다네-

거지떼들의 극락왕생

　　　　　서울 서초동에 사시는 무상문 보살님은 혼자 사시면서 무역회사를 운영하시고 수행자처럼 마음 관리를 하며 지내신다. 언젠가 회사 공장을 지으려고 산을 낀 땅을 매입하였는데, 그곳에 묘가 이십 여 기 이상 있었다.

　묘지이장 공고를 냈지만 이장해 가지 않는 묘가 많이 있었다. 공장은 지어야 되겠는데 묘가 있으니 고민을 하시다가 조언을 청해 오셨다. "제가 불자인데 무연고 묘로 처리하여 이장을 해도 되겠지만, 그렇다고 그냥 그렇게 하자니 마음에 걸리므로 합동 천도재를 해 드리고 이장을 하는 것이 어떨까요?"

"네, 생각 잘 하셨습니다. 보살님의 몫인 것 같습니다. 세상에는 공짜는 없는 법이니 이번에 천도재를 올려드리면 그 분들이 그냥 있지는 않을 것입니다."

이렇게 되어 합동 천도재를 올리게 되었는데 재가 있는 날 새벽녘 꿈에 많은 배고픈 거지떼가 궁궐 같은 집 대문 앞에 몰려와서 밥 한 끼 달라고 아우성치더라는 것이다.

그래서 문을 열어주고 목욕재계를 시켜준 다음에 상다리 부러지도록 진수성찬을 차려서 한 끼 배부르게 먹여주고 창극공연까지 관람하게 해 주었더니 "보살님! 감사합니다. 이제 저희들은 보살님의 공덕으로 좋은 데로 가게 되었으니 고맙습니다." 하면서 떠나가더라는 것이다.

어느 수행자와 관음조 이야기

오래전에 한 스님을 기도처에서 만나게 되었다. 이 스님은 출가 전에는 장래가 촉망되던 청년이 있었다. 서울 유명 대학을 졸업하고 잠시 대기업에 몸을 담아 잘 나가는가 했더니 삶의 방식에 대한 문제로 현실 적응에 회의가 일자 대학 시절부터 관심이 있었던 명상에 투자하는 시간이 점차 늘게 되었다.

결국 '나는 누구인가?'라는 존재의 근원적 물의에 대한 해답을 찾아야 되겠다는 강한 열망이 일었고, 당대의 큰 스님으로 알려진 문하에 출가하여 계를 받자마자 곧바로 선방을 전전하며 수행에만 전념하시는 선객이 되었다.

그런데 스님은 말 못할 하나의 어려움을 앓고 계셨는데 다름 아닌 성에 대한 문제였다. 연애다운 연애 한 번 안 해 보고 출가한 스님인데, 언제부터인지 섹스에 대한 욕구가 일어나면 참기 힘들 정도로 불길처럼 마음을 사로잡더라는 것이었다.

그렇다고 세속인처럼 여자를 만나서 해결할 수도 없는 문제이고 하여 고민이 깊어만 가게 되었다. 스님은 어느 날 이런 생각을 하게 되었다.

"몸이란 본래 남녀의 사랑 행위를 통해서 만들어진 것이므로 몸을 이루는 세포 속에는 남녀를 향한 포옹의 욕구가 내재되어 있을 것이니 때때로 이성의 기운을 섞고 싶은 충동이 일어나는 것은 자연한 생리현상일 것이다.

하지만 출가 수행자의 본분사에 충실하는 데는 해결되어야 할 가장 큰 장애물이기도 한 것이다. 이제 내 스스로 이 생리적 욕구를 해소할 수 없으니 관세음보살님께 기도하여 이 문제를 해결해야 되겠다."

생각에 여기에 이르자 유명 관음도량에 들어가 백일기도를 하게 되었다. 입으로는 관세음보살을 외우지만 그 마음속에서는 어서 빨리 관세음보살님의 가피(보살핌)로 성적 욕구가 다스려지길 원하고 또 원하는 연속이었다.

그렇게 백일을 향해 나아가던 어느 날 밤 꿈에 자신이 티베트라마승들이 모여 수행하는 도량에서 공부하는 모습을 보고 있었다.

천(가사) 하나를 몸에 걸치고 있는 모습 이면에 성적 욕구로 고민하는 모습이 떠오르면서 힘들어 하는 자신 앞에 관음조(觀音鳥: 관세음보살님의 화신) 한 마리가 날아와서 성기를 밖으로 내놓으라고 무언중에 얘길 하는 것이었다.

주저주저하다가 밖으로 내 놓으니 관음조가 길다란 부리를 들어 보이는데 마치 날카로운 침(針)처럼 예리한 것이 섬뜩하기까지 하였다. 순간 성기 머리 쪽을 몇 번이고 쪼는 것이 아닌가! 너무 아파서 비명을 지르다 놀래 깨어보니 꿈이었던 것이다. 이렇게 스님은 몽중가피 받아서 자신의 고민거리를 다스릴 수가 있었다.

어느 날 필자가 물었다. "스님! 이제 괜찮습니까?"

"요즘은 마음까지 고자가 되어 버린 것 같네요. 관세음보살님이 보낸 관음조에게 침 몇 대 맞은 뒤로는 성에 대한 욕구가 별로 일어나지가 않습니다. 이번에 기도를 잘한 것 같습니다." 하시는 것이다.

　스님은 평소에 수행자답게 "나의 전 재산은 방석하나에 옷 한 벌입니다. 이거면 세상에 나와서 본전은 한 것 아닙니까?" 하고 말하시며 호탕하게 웃는 것이 인상적이시다. 스님은 필자와의 인연에 감사드린다며 평소 자신의 서각실력을 발휘하여 옥돌에다 만(卍) 자와 옴 자를 새겨서 선물로 건네주고 떠나셨다.

님의 침묵 - 한 용운스님

님은 갔습니다.

아아, 사랑하는 나의 님은 갔습니다.

푸른 산빛을 깨치고 단풍나무 숲을 향하야 난

적은 길을 걸어서,

차마 떨치고 갔습니다.

황금의 꽃같이 굳고 빛나든 옛 맹세는

차디찬 띠끌이 되어서,

　한숨의 미풍에 날아갔습니다.

날카로운 첫 키스의 추억은

나의 운명의 지침(指針)을 돌려놓고,

뒷걸음쳐서 사러졌습니다.

나는 향기로운 님의 말소리에 귀먹고, 꽃다운 님

의 얼골에 눈멀었습니다.

사랑도 사람의 일이라,

만날 때에 미리 떠날 것을 염려하고

경계하지 아니한 것은 아니지만,

이별은 뜻밖의 일이 되고

놀란 가슴은 새로운 슬픔에 터집니다.

그러나 이별은 쓸데없는

눈물의 원천(源泉)을 만들고 마는 것은

스스로 사랑을 깨치는 것인 줄 아는 까닭에,

걷잡을 수 없는 슬픔의 힘을 옮겨서

새 희망의 정수박이에 들어부었습니다.

우리는 만날 때에 떠날 것을 염려하는 것과 같이,

떠날 때에 다시 만날 것을 믿습니다.

아아, 님은 갔지마는

나는 님을 보내지 아니하였습니다.

제 곡조를 못 이기는 사랑의 노래는

님의 침묵을 휩싸고 돕니다.

부친은 극락왕생,
자식은 스님이 되다.

거제도에 사는 이씨 청년은 일찍 부친을 여의고 홀어머니 밑에서 힘겹게 소년 시절을 보내면서 정신적인 방황기를 겪어 정서불안 증세가 심했다.

이런 상태가 계속되다 혹시 미치는 것은 아닌가 하는 불안감에서 혼자 정신병원을 찾아가 의사면담을 하고 내려올 정도로 강박 증세에 시달리고 있었다. 동기감응(同氣感應)이라 했던가. 나무는 생명줄을 뿌리에 두고 살고 인간은 조상에 두고 사는 것이다.

그러므로 뿌리가 견고하지 못하면 약한 바람에도 휘청거리고 뿌리가 깊이 자리하지 못하거나 병이 들면 줄기와 가지가 온전할 수 없으며 꽃을 피울 수 없다.

마찬가지로 돌아가신 망자들이 자리를 못 잡고 허공을 떠돌며 불안한 삶을 보내면 그 파장이 자손들에게 고스란히 옮겨와서 정처 없는 삶을 살게 되는 것이다.

질병에는 가족력이라는 것이 있다. 부모 중 한 분이 당뇨병이 있으면 그 자손들에게 당뇨병이 많이 발생하는 것을 많이 본다. 어느 부인은 자궁을 들어내는 수술을 하셨는데 그 형제와 친척 등 3촌 이내를 조사해 보니 많은 여자분들이 자궁을 들어낸다거나 자궁에 이상 증세가 있다는 것을 고백하기도 한다.

병만 상속이 되는 것이 아니라 돌아가신 조상 영가의 기운도 상속하게 되는 것이 바로 같은 기운을 가진 사람끼리는 서로 감응한다는 법칙 때문이다.

먼저 가신 부친의 영가가 한을 머금고 가셨으므로 해원을 해드려야 했었는데 그러지 못하고 방치가 되다 보니 그 한스런 마음이 이씨 청년에게 전달되어 이상 증세가 일어나기 시작한 것이다.

가위에 눌리는 악몽을 꾸거나 무당이 칼춤을 춘다거나 점을 보기도 하는 꿈을 꾸면서 생시에는 혼자서 중얼거리며 미친 사람처럼 보이는 이상행동을 하기도 하는 등 상태가 갈수록 심해지게 되었다.

어느 날 옆 동네에 살고 있는 지인의 소개로 이씨 청년과 만날 기회가 생겼다. 살펴보니 눈에는 조상 영가 기운이 들어차 있고 불안 증세가 심하게 일어나고 있어 빨리 손을 쓰지 않으면 무당이 되거나 미쳐서 정신병원으로 가야 할 상황이었다.

이렇게 한의 뿌리가 깊이 내려져 있을 경우에는 천도재와 함께 개인적으로 지장기도가 진행되어야 한다. 그리고 여유가 있을 경우에는 조상 이름으로 복을 지어주는 선행도 따르면 더욱 효과가 있는 것이다.

많은 우여곡절을 거치면서 수 년 동안 진행된 작업이 드디어 결실을 보게 되었다. 꿈에 자신이 어디론가 날아가니 어마어마하게 큰 대문이 나오는데 이윽고 문이 열려서 들어갔다고 한다. 안에서는 타원형으로 펼쳐진 테이블 위에 연꽃이 피어오르며 부처님 같기도 한 분들이 그 연꽃 안에서 솟아올라 좌정하시더라는 것이다.

그런데 왼쪽으로 제일 끝자리에 있는 연꽃 위에 앉아 계시는 분이 어디선가 많이 본 얼굴이라서 눈을 크게 뜨고서 보니 돌아가신 부친이 환한 얼굴로 내려보고 계시더라는 것이다. 그리고 중간에 위치한 분이 말씀하시길,

"스님은 앞으로 세 발 나오시오!" 하더라는 것이다.

처음에는 다른 분에게 하신 줄 알았는데 주변을 둘러봐도 자기 이외에는 사람이 없어 자신이라는 걸 알았단다. 그래서 앞으로 세 발 나아가서 섰더니,

"스님은 아직 공부가 많이 부족합니다. 앞으로 열심히 하셔야 합니다. 때가 될 때까지 열심히 하시기 바랍니다." 하더라는 것이다.

그 뒤에 몇 년의 세월이 흐른 뒤 이씨 청년은 느끼는 바가 있어서 출가 수행의 길을 떠나게 되었다.

순치황제 출가시(順治皇帝 出家詩)

곳곳이 총림이요, 도처에 밥이거늘

발우 들고 가는 곳에 밥 세 그릇 걱정하리!

황금과 백옥만이 귀한 줄 알지 마소.

가사장삼 얻어 입기 무엇보다 어렵다네!

내 자신 이 국토의 주인 노릇 하느라고

나라와 백성 걱정 마음만 더욱 시끄럽네.

백년을 산다 해도 사는 날 삼만 육천

풍진 밖 이 산 속의 반나절에 비교하리!

당초에 부질없는 한 생각의 탐욕으로

가사 장삼 벗어 치우고 곤룡포(袞龍袍)를 감게 됐네

이 몸은 그 옛적에 서천축 스님인데

그 어떤 인연으로 제왕가에 떨어졌나

이 몸을 받기 전에 무엇이 내 몸이며

세상에 태어난 뒤 내가 과연 뉘이런가.

자라서 사람 노릇 잠깐 동안 내라더니

눈 한 번 감은 뒤에 내가 또한 누구런가

세상 일 백년간은 하룻밤 꿈과 같고

수만리 산과 들은 한 판의 바둑일세!

대우 씨는 9주 긋고 탕임금 걸을 치며

진시황이 6국 먹자 한태조 새터 닦네

자손은 제 스스로 살아갈 복 짓고 받나니

후손을 위한다고 소와 말 노릇 그만 하소

유구한 역사 속에 많고 적은 영웅들이

산과 언덕 사방 위에 한줌 흙 되었다네!

올적에는 기뻐하고 갈 적에는 슬퍼하나

덧없는 인간 세상 한 바퀴 도는 걸세

애당초 안 왔으면 갈 일도 없을 텐데

기쁜 일 없을 진데 슬픈 일인들 있을 손가!

나날이 한가로움 스스로 알 것이니

이 풍진 세상 속에 온갖 고통 여의고

입으로 맛들임은 시원한 선열경계

몸 위에 입는 것은 누더기 한 벌뿐이로다!

사해와 오호에서 가장 높은 손님 되어

부처님 도량에서 마음껏 노닐 적에

세속을 떠나는 일 쉽다고 하지 마오

숙세에 쌓아놓은 선근 없인 아니되네!

지나간 18년간의 일 자유라곤 없었는데
땅 뺏는 큰 싸움을 어느 때 그치려나
내 이제 손을 털고 산 속으로 돌아가니
천만 가지 근심 걱정 아랑곳할 것 없네!

뱀의 허물을 벗고
자유의 몸이 되다.

대구의 대법화 보살님은 공부를 함께하는 도반들 몇 분과 팀을 이루어서 전국의 유명기도 도량을 순회하며 기도 정진하신다. 기도의 공력이 남달리 크신 분이시니 특이한 일화들도 많으신데 그중 하나를 소개하고자 한다.

영천 은해사 산내 암자 중에 중암암이라는 일명 '돌구멍' 절이 있는데, 신라 시대 삼국 통일을 이룩한 김유신 장군이 기도 끝에 팔공산 산신으로부터 신검을 받았다고 전해지는 도량이기도 하다.

일반에 많이 알려져 있지 않으므로 천년 세월을 베일 속에 감추고 있는 양 신비스런 모습을 하고 있어서 찾는 이로 하여금 감탄사를 자아내게 하는 곳이기도 하다. 이 도량에서 필자가 백일기도를 하고 있다는 소문을 듣고서 도반들과 함께 찾아오는 날이 있었다.

그날따라 도반들 가장 뒤에 처져서 절을 올라가는데 길다란 뱀 한 마리가 풀숲에서 나오다 보살님 눈과 마주치자 지나갈 생각을 않고서 한참이고 길을 막고 있더라는 것이다. 그래서 좀 기다리면 지나가겠지 하는 마음으로 기다리니 그제야 풀숲 안으로 사라지더라는 것이다.

그래서 "기도하러 부처님을 찾아가는 길목에서 뱀과 마주하게 되었으니 뭔가 의미하는 바가 있을 것이다. 부처님의 법은 자연의 법칙이며 현상은 자연이 제공하는 법칙(패턴)에 따라 마음의 메커니즘 속에서 일어나는 것이니 모든 것이 우연을 과장한 필연의 산물일 뿐 아니랴!" 하고 생각하는 중에 어느덧 발걸음은 중암암에 마당에 도착하고 있었다.

도반들과 함께 기도를 끝내고 나서 다들 점심을 드시러 내려갔는데 자신만은 점심을 거르면서 올라오면서 목격한 그 의문을 풀어보고자 집중적인 기도에 들어가게 되었다. 한참 관세음보살 정근을 하고 있는데 아까 목격한 뱀이 눈앞에 나타나는 것이었다.

더욱 정신을 모아서 관세음보살을 찾고 있는데 그 뱀이 보살님 앞으로 닦아오더니 허물을 벗기 시작하는데 그 안에서 초등학교 5학년정도 되는 어린 학생이 스포츠머리를 하고 어깨에 책보자기를 걸치고 뛰어나오는 것이었다. "너는 누구이냐?"

"보살님! 보살님! 고맙습니다. 저는 일찍 사고를 당하여 죽었는데 업이 무거워서 뱀의 몸을 받아 이렇게 갇혀 지냈습니다. 오늘 보살님이 이곳에 기도를 하러 오시길래 기도가 깊으신 보살님이 저에게 기도의 힘을 실어주신다면 제가 뱀의 허물을 벗고서 사람으로 다시 태어날 수 있겠기에 아까 길목에서 부탁을 드린 것입니다.”

"아! 그런 사연이 있었던가? 그럼 다시 정신을 모아서 학생을 극락왕생케 하리니 나와 함께 기도에 마음을 집중하도록 하여라” 그리하여 더욱 관세음보살을 염송하며 마음을 모으고 있는데 “보살님! 이제 저는 가야되겠습니다.” 하며 큰절을 올리더니 허공으로 뻗어있는 무지개 길을 타고 쏜살같이 올라가더라는 것이다.

인연(因緣)

길을 가다

옷깃만 스쳐도

전생에 500번의 인연이라 했던가!

말 못하는 미물일지라도

잠시 스치고 지나는 순간이 있다면

소홀히 지나칠 수 없는 지중한 인연의 이치인 것

을……

어느 세상에는

부모가 될 수도

자식이 될 수도

사랑하는 연인이 될 수도

있는 것이

인연이라네!

_()_나무아미타불

애인은 있어도 남편은 없는 여자

요즘을 일러서 먹고 마시며 즐기고 살기 좋은 시대라고 한다. 그래서 그런지 향락산업이 날로 번창하고 있는가 보다. '물질이 개벽되니 정신을 개벽하자!'라는 원불교의 표어가 있다.

물질의 풍요에 발맞추어 정신의 힘도 따라주어야 하는데 그렇지 못하게 되면 뱀 꼬리가 머리를 끌고 다니는 꼴이 되고 만다. 꼬리가 하자는 대로 따라다니다 보면 머리와 몸통이 온통 찢기고 상처투성이가 되고 이윽고 뱀 자체가 죽음을 맞이하게 되는 것이다.

이 일화 속 여자 보살님은 인물이나 몸매나 피부까지 어느 곳 하나 빠질 데 없는 분이었다. 집안도 괜찮아 설사 시집 안 가고 혼자 산다 해도 먹고 사는 데 걱정할 것이 없었다. 배움도 있고 직장도 남들이 부러워하는 대기업에 다닌다.

그런데 선을 봐도 자신이 원하면 상대가 싫다하고 상대가 좋아하면 자신이 싫고 둘다 괜찮다 싶으면 이번에는 부모와 형제 그리고 주변에서 '아니다'라고 하기를 수도 없이 반복하고 있었다. 그렇다고 애인이 없었던 것은 아니다. 총각도 있었고 유부남도 있었다.

음양을 대표하는 남녀가 만나 하나의 가정을 이루는 것은 천지자연으로 가는 길이다. 마음수행의 길을 가는 사람이라면 모를까 현실의 가치를 중시하며 행복이 좌우되는 삶을 사는 입장에서는 하늘과 지구, 해와 달, 남과 여가 만나서 어울리는 것은 자연스런 것이다.

그렇게 되어야 자연이나 인생이나 영구적으로 역사를 이어가게 되는 것이다. 그런데 무엇이 문제가 되어 가정을 이룰 짝을 만나지 못하고 자꾸 엇갈려야만 하는 것일까 의문이 들지 않을 수 없다.

"스님! 어디서 물어보니 제 팔자에는 직장복, 돈복, 오래 살 복은 있는데 혼자서 고독하게 살아야 한다고 하네요. 진짜 그런가요?"

"가정을 이룰 짝을 만나기 쉽지 않다는 것이지 외로울 때 만나서 함께 시간을 나눌 수 있는 남자가 없다는 것은 아니지요."

"네, 그야 예나 지금이나 남자는 없었던 적은 없었습니다."

"적절할지는 모르겠지만 언젠가 있었던 어느 여자보살님의 이야기를 해 드릴 것이니 이 말씀을 잘 새겨들으시고 잘못된 과거생의 습관을 교정하고 지혜를 계발하셔서 밝은 인생길을 열어가도록 하세요."

"네, 스님! 제 인생길에 도움이 되는 것이라면 무슨 말씀이라도 해 주세요."

"서울에 사시는 어느 보살님이 남녀문제가 좀 있어서 7일 기도를 하게 되었습니다. 아시다시피 법당에 들어가면 가운데 부처님이 앉아 계시고 옆에는 신장님들이 모셔져 있는 신중단이 모셔져 있습니다. 그리고 지장전에는 지장보살님이, 원통전에는 관세음보살님이, 산신각에는 산왕대신이, 나한전에는 나한님들이 모셔져 있습니다.

서울 보살님이 첫 날 새벽예불을 마치고 부처님께 기도를 시작하였습니다. 그런데 마음이 산란하여 갈피를 못 잡고 법당을 나와서는 산신각으로 들어가서 기도를 하였습니다. 사시에는 신장님께 기도하다 저녁에는 지장보살님전에 들어가서 기도를 하면서 하루를 이렇게 왔다 갔다 하면서 기도를 했습니다.

다음날에는 나한전에 들어가서 나한님께 기도하다 점심때는 칠성님께 기도를 하고…… 그날 밤 잠을 자는데 꿈에 눈 세 개에 뿔이 달린 분이 야구방망이를 들고 씩씩거리면서 나타나더라는 것입니다.

'보살님아! 어느 사람이 정조 없이 이놈에게 붙었다 저놈에게 붙었다 한다면 그런 사람을 무어라 하겠느냐?'

'네, 그런 사람은 철새라 하겠습니다.'

'그래, 그런 철새를 어느 누가 책임감을 가지고 주인이 되어 주겠다고 성큼 마음을 내겠느냔 말이다. 기도를 할 때도 한 분을 정했으면 기도를 마치는 순간까지는 그 정해진 한 분만을 찾으면서 정신을 몰입해야 소원을 이루게 해 주지 여기저기 기웃거리며 기도하면서 무엇을 이루겠다는 것이냐?'

'네, 도사님! 제가 생각이 짧았던 것 같습니다. 이제 정신을 바짝 차리고 내일부터는 한 분만을 정해서 지성껏 기도정진 하겠나이다. 바른길로 이끌어 주십시오.'

'그래 지금부터라도 너의 처신을 바르게 하겠다니 한 번 기대를 하면서 지켜보겠노라! 네가 이 나이 되도록 짝을 만나지 못하고 총각이고 유부남이고 만나고 헤어지고를 되풀이하면서 보내는 것은 바로 기도를 하면서 부처님께 붙었다 신장님께 붙었다 다시 지장보살님께 붙었다 관세음보살님에게 붙었다 하면서 왔다 갔다 하는 것과 다름없는 것이니라.

그러니 철새처럼 여기저기 안착을 못 하고 떠돌아다니는 것이니라! 너의 과거 전생이 이렇듯 활량처럼 유랑방탕하며 난봉꾼 짓을 하였기에 오늘날 혼자되는 과보를 받은 것이니 이제라도 정신 바짝 차리고 기도를 하여서 지난 생의 잘못된 습관을 바로 잡도록 하여라!'라고 하시더랍니다."

그래서 자신이 전생에 고삐 풀린 망아지처럼 떠돌아다니면서 한 사람에게 정착을 못하고 헤픈 정을 남발하고 다녔던 업보로 여자 몸을 받은 현재까지 전생의 떠돌던 버릇이 남아 있어 어긋난 인생을 살고 있다는 것을 깨닫게 되었다. 이러한 경험을 한 이후에 관세음보살님에게 매달리면서 자신의 과거생의 업보를 참회하는 기도를 열심히 올렸다고 한다.

7일 기도를 마치는 새벽꿈에 관세음보살님이 나타나더니 "나하고 좀 더 살다가 갈 것이지 뭐가 그리 바빠서 가려고 하느냐?" 하시더라는 것이다. 아마도 자신의 기도가 부족하다 싶어서 그러한 선몽을 받았나 보다 생각하며 다음 날을 기약하고 기도를 회향하였다고 한다.

정처없이

바람 부는 대로 물결치는 대로

이러 저리 흘러들어가는 애정의 편력 현상은

과거 생에 난봉꾼 짓의 업보라네!

이제 관세음보살님의 명호를

지성껏 염송한 공덕으로

마음의 정처를 찾고

떠돌이의 업장을 교정한다면

머지않아 행복한 가정을

이룰 것을 믿어 의심치 않는다네!

누가 조상을 함부로 대하는가!

서울에 사시는 김 사장님은 기독교 집사 신분이시지만, 하시는 일의 특성상 여러 종교의 신앙인이나 무종교인까지 상대하시고 계신다. 사업이 잘되셔서 수백억의 재산을 이루어 더 이상 돈을 벌지 않아도 되련만 사람 맘이 그렇지 않나 보다.

하루는 찾아오셔서 하시는 말씀이 "스님! 요즘은 사업이 예전 같지 않아서 신경이 쓰입니다. 혹시 조상을 홀대하여 그런 것은 아닌지 그런 생각도 듭니다."라고 말씀하시는 것이다. 그래서 "김 사장님이야 기독교인이시지만 조상님 제사나 묘지 관리도 남달리 열심히 하시는데 홀대하셨다고 할 수는 없겠지요. 그렇지만 사업을 하시는 것이니 어려울 때에는 조상님께 기도를 올리는 것도 도움이 되실 겁니다."라고 말씀드리니 하시는 말씀이 "기도까지는 제가 하기가 곤란합니다. 주변에서 다들 제가 교회 나가는 걸 알고 있습니다."라는 것이다.

그래서 특별한 방법을 제시하여 드리기로 생각하고서는 "김 사장님! 사무실에 출근하시면 '광명진언'을 아홉 번씩 외우시고 나서 조상님들의 극락왕생을 21일 동안 기원하여 보세요."라고 숙제를 내드렸다. 얼마나 지났을까 특이한 경험을 하였다는 말씀을 하신다.

자초지종을 들어보니 내용이 이렇다. 기도를 열심히 하던 어느 날 꿈을 꾸는데 돌아가신 모친이 큰 가죽가방을 무거워서 들지를 못한 채 바닥에 질질 끌고 들어오시더라는 것이다. 그러시더니 열어보라고 해서 보니 돈이 가득 들어있더라는 것이다.

이윽고 모친이 돈을 한 번 세어 보라고 하셔서 세어본 후 얼마라고 말씀드리니 고개를 끄덕거리시면서 가지라고 하더라는 것이다. 그러고서 꿈에서 깨어 일어나면서 기분이 엄청 좋았다고 한다.

그날 사무실에 출근하여 어느 때와 다름없이 광명진언을 아홉 번을 외우고 하루를 시작하게 되었는데 그날 따라 물량주문이 들어오기 시작하더니 정신없이 바빴다고 한다. 신기한 것이 하루를 마감하고 당일 마감을 하는데 모친이 끌고 오신 가죽가방 안에 든 액수와 정확히 일치하더라는 것이다.

그 후 며칠이 지나서 또 꿈을 꾸는데 저번과 똑같은 과정을 거치면서 가죽가방을 하나 놔두시고 가시더라는 것이다. 그날도 정신없이 물량주문이 들어와서 기분이 좋았는데 당일 마감을 해 보니 모친이 주고 가신 액수와 또 맞아떨어지더라는 것이다. 그런 일이 있고 한참 후에 또 모친이 가죽가방을 끌고 들어오시더니 세어 보라고 하시더라는 것이다. 그래 한참 돈을 세고 나서 액수를 말씀드리니 "잘 보관하고 있으라" 하시더라는 것이다.

그리고 깨어나게 되었는데 기분이 이상하다는 생각이 들더라는 것이다. 첫 번째, 두 번째까지의 꿈에서는 가지라고 하시더니 세 번째 꿈에서는 잘 보관하라고 하시니 이게 무슨 뜻일까 궁금하였다고 한다.

그날도 일감이 많이 들어와서 정신없는 하루를 보내고 마감을 하였는데 꿈속에서 세어 봤던 대로 돈 액수가 맞아떨어지더라는 것이다. 기분이 좋았지만 관리하라는 말씀이 생각나서 그 뜻을 내내 궁금해하고 있었는데 어디선가 귀에 익은 목소리가 들려오는 것이 아닌가⋯⋯

"형님! 저 왔습니다. 그동안 연락도 못 드려서 죄송합니다." 고개를 돌려서 보니 그동안 형제간에 왕래를 끊고 지내던 바로 아래 동생이 부산에서 상경하였던 것이다.

군에 장교로 복무하던 동생이 갑자기 군 생활을 접고 사업한다고 해서 두 번이나 사업자금으로 목돈을 지원해 줬건만 실패로 돌아가자 이제는 더 이상 돈거래는 하지 않겠다고 하는 가운데 불화가 생겨서 서로 왕래도 끊고 지내왔다고 한다.

"아하! 오늘 주문물량 들어온 돈은 바로 저 놈아가 임자구나!" 하는 생각이 들면서 관리하고 있으라는 모친의 당부 말씀이 떠오르더라는 것이다. 부산에 내려간 동생이 형님에게 마지막으로 돈 부탁을 해 보려고 무작정 상경을 하였던 것이다.

235

두 사람은 모친의 꿈 애기를 나누면서 돈을 주고받으며 눈시울을 적셨다고 한다. 이러한 특별한 경험을 한 김 사장님은 교회집사님이면서도 조상을 끔찍하게 여기게 되었으며 '조상 전도사'라는 별명이 붙을 정도로 기도에 대하여 열변을 토하고 다니시게 되었다. 그런가 하면 《누가 조상을 함부로 대하는가!》라는 책을 손수 사서 주변 사람들에게 나눠주며 지내신다.

-서산대사 임종게(臨終偈)-

생야일편부운기(生也一片浮雲起), 사야일편부운멸(死也一片 浮雲滅), 부운자체 본무실(浮雲自體 本無實), 생사거래역여연(生死去來 亦如然).

삶이란

한 조각 뜬구름이 일어남이요

죽음이란

한 조각 뜬구름이 스러짐일새!

뜬구름 그 자체는

실체가 없나니

오고가는 인생사가 이와 똑같구나!

부족장의 부인이었던 전생

"스님! 저는 왜 사랑하는 남편이 있는데도 외간 남자와 정을 통하는 불륜을 저지르게 되는 업을 타고 났을까요?"

산중을 지나다 보면 잠시 걸음을 멈추게 되는 경우가 있다. 산토끼나 다람쥐를 발견하게 되면 내 자신도 모르게 가던 발걸음을 멈추게 된다. 특히나 산 노루와 마주치게 될 때에는 그 깊고 맑은 눈망울 속에 빨려들어 가는 묘한 느낌이 일어난다.

그럴 때에는 인연의 이치를 궁리하는 버릇에 따라서 산 노루를 인간사회의 울타리 안으로 옮겨보는 상상을 해 본다. 과연 산 노루의 전생이 있었다면 그는 인간사회 속에서 어떠한 삶을 살았을 것인가를 그려본다. 짧은 망상 속에서 무수히 많은 상념들이 겹쳐지면서 떠오른다.

비오는 어느 날 평소 친분이 있던 보살님의 소개로 한 분의 여성분이 방문하셨다. 여러 얘기를 하던 끝에 꼭 이해를 하고 넘어가고 싶은 문제가 있다는 것이다. 그래서 편안하게 얘기를 하시게 하니 자신의 남자 문제를 꺼내놓는 것이었다.

남편은 자신이 원하는 것이면 무엇이든지 거절하는 법 없이 다 해주신다 한다. 그래서 남편에 대한 별다른 불만이 있을 수 없다는 것이다. 그런데 언제부터인지 우연히 알게 된 어느 남자

분과 넘지 말아야 할 선을 넘게 되어 내연의 관계를 이어오고 있다는 것이다.

마음에 죄책감이 들수록 남편에게 미안한 마음에 더욱 잘하려고 노력하지만 남친과의 관계를 정리하고 싶지는 않다고 한다. 최근에는 빌라를 아지트로 구해 놓고 만남의 장소로 삼고 있다고 한다. 전생이 있다면 남편, 남친과 자신의 관계가 어떠했는지 알고 싶다는 것이다.

그래서 숙제로 관음기도를 7일 하도록 했다. 그리고 기도할 때마다 '부처님! 저에게 전생을 알게 하셔서 각자 올바른 길로 나아가도록 인도하여 주소서!'라고 간절히 빌면서 관세음보살을 찾으라고 하였다.

7일 기도를 열심히 하던 어느 날 새벽녘 꿈에 그녀는 어느 부족을 다스리는 족장의 아내가 되어 평화로운 삶을 살고 있었다. 그러던 중에 십자군 전쟁의 소용돌이에 휘말려 부족의 안정은 깨지고 살육의 현장으로 변한 마을을 바라보고 있었다.

이윽고 부족장이 십자군 장군 앞에 끌려나오게 되었고 죽음을 당할 처지에 놓이게 되었다. 이때 족장의 부인이 장군에게 족장의 목숨만은 살려줄 것을 간절히 호소하였다. 장군이 머무는 동안 몸과 마음을 다해 모실 것이니 족장의 목숨만을 지켜달라고 호소하니 이내 장군이 허락하게 되고 장군에게 수청을

드는 모습을 보게 되었다.

짧은 시간이었지만 장군과 족장 부인에게는 평생 잊을 수 없는 깊은 연을 맺을 수 있었다. 그러한 장면을 보면서 잠에서 깨어나게 되었다.

족장의 목숨을 구하기 위해서 장군에게 몸을 허락하였던 인연이 이생에서는 족장은 남편으로 부인은 자신으로 장군은 애인으로 만나게 되었던 것이다. 이러한 일이 있고 한 해가 지나서 애인이란 사람이 날 찾아와서 통곡을 하면서 여자가 병원에서 죽어가고 있다는 것이다.

사연을 들어보니 이 여자가 작년 추석 전에 얼굴 안색이 안좋아서 만나는 사람마다 어디 아프냐고 물으니 기분이 묘하더라는 것이다. 그래서 추석을 지나고 곧바로 병원에 가서 검사를 받게 되었는데 췌장암 말기로 판명이 되어 곧바로 입원치료를 시작하였다고 한다.

남편과 가족들이 여인의 병실 주변을 지키고 있으므로 구실을 만들어서 병문안은 한 번 했지만 자신은 병실에 자주 갈 수도 없는 노릇이니 속만 태우고 있다는 것이다. 그리고 얼마 되지 않아서 여인은 한 줌의 재가 되어 감포 앞바다에 뿌려지게 되었다.

헛되고 헛되도다.

물은 흐르고 흘러
흐르던 곳으로 다시 돌아가고
바람은 불어 이리저리 돌아
불던 곳으로 다시 돌아가고
인생도 이와 같이 돌고 돌아
왔던 곳으로 돌아간다.

그래서 전도자가 말하기를
"이미 있던 것이 후에 다시 있겠고
이미 한 일을 후에 다시 할지니라
태양 아래에는 새로운 것이 없나니
보라! 무엇을 가리켜
이것이 새로운 것이라 할 것이 있으랴!"

【佛說 三世 因果經】
-불설 삼세 인과경-

부처님께서 영산회상에 계실 때의 일이다. 부처님의 제자 1,250명이 한 자리에 모였을 때에 상수 제자인 아난존자가 합장 공경하고 물었다.

"세존이시여, 세상 사람들이 선근이 희박하고 악업이 두터워서 부처님께서 일러주신 법과 도를 잘 지키지 아니하며 삼보(佛法僧)에 귀의할 줄 모르며, 계정혜(戒定慧) 삼학(三學)을 귀중하게 여기지 아니하는 까닭으로, 세상에 태어나서 인간으로서의 행할 바를 모르며, 따라서 집안은 가난하고 비천하며, 혹은 귀가 먹고 혹은 벙어리가 되어 안이비설신의(眼耳鼻舌身意)의 육근(六根)이 고르지 못합니다. 그러므로 세상에는 빈부귀천의 차별이 생겨나서 근심과 고통으로 한 평생을 마치는 사람들로 가득하옵니다.

세존이시여, 바라옵건대 삼세인과(三世因果)를 통달하신 부처님께서 저희들과 더불어 모든 사람들이 잘 알아듣고, 그리하여 마음과 몸으로써 바른 도를 행할 수 있도록 자비하신 마음으로 삼세인과에 대하여 자세히 일러 주시기를 바라옵니다."

부처님께서 말씀하시되, "너희들은 지금 청정한 마음으로 잘 살펴 듣기를 바라노라. 내가 너희들과 중생들을 위하여 자세히 설명하여 일러주리라."

이때에 부처님께서는 삼세인과(三世因果)를 말씀하시니, 착한 일과 악한 일의 원인과 결과의 관계를 소상히 알아들을 수 있었다.

"먼저 부모를 공경하고, 다음에 부처님께 예배하면 반드시 삼보천용(三寶天龍)이 항상 보호하여 주며, 따라서 인간으로서 떳떳하게 살아갈 수 있을 뿐만 아니라, 수명이 길어지며 대대로 만복을 얻어서 부귀를 누리되, 이 가르침을 어기면 도리어 죽어서 대대로 지옥에 들어감을 면하지 못하리라.

윗사람을 공경하고 착한 사람을 앞에 모시되, 질투하지 말며 또 시기하거나 조소하지 말지니라. 또 살생을 금하고 방생(放生)하며 고통 받는 모든 중생을 가엾이 여기며 또 공양(供養)과 보시(布施)에 힘쓰면, 그것이 바로 행복의 씨앗이 되느니라.

인간의 행복이나 부귀영화 등 존귀함은, 다 전생(前生)에 닦은 바 인연이 바탕이 되어 얻어지는 법, 따라서 하나의 사람 몸으로 태어나서, 손과 눈이 같으며 또 같은 태양과 달 아래서 같은 공기를 마시며 살았으되, 착한 사람과 악한 사람 또 잘사는 사람과 못사는 사람으로 나뉘어져서 그 삶이 각양각색이니, 그 까닭은 자작자수(自作自受: 스스로 지어 스스로 받는 것)요, 인과응보(因果應報)인지라, 곧 스스로 지어 스스로 받기 때문이니라.

그러므로 이 삼세인과 법문(三世因果 法門)을 들려주는 연유는 삼세의 인과가 다시없는 소중한 까닭이니, 이를 받들어 지니는 이는 세세생생에 온갖 복록을 누릴 것인즉, 이를 지성껏 염송하되 가벼이 여기지 말라."

부처님께서는 삼세인과에 대하여 자세히 예를 들어 말씀하셨다.

"금생에 태어나 사람으로서의 존귀함을 알고 이를 지켜 타인으로부터 칭송을 받으며 존경을 받는 사람은 무슨 까닭인가?

전생에 부처님의 말씀과 그 법을 지키고 이를 끊임없이 남을 위해 가르쳐준 공덕이니라.

금생에 남의 스승이 되어 남을 가르치는 사람은 무슨 까닭인가?
전생에 부처님의 경전을 설할 때 청정한 마음으로 듣고 새겨 행한 까닭이니라.

금생에 말 타고 가마에 앉아 편안하게 다니는 사람은 무슨 까닭인가?
전생에 다리 놓고 길 닦은 공덕이니라.
금생에 능라, 금수, 비단옷을 입는 사람은 어떤 까닭인가?

전생에 스님들께 옷 보시 많이 한 공덕이니라.

금생에 먹고 입는 것이 넉넉지 못한 사람은 무슨 연고인가?

전생에 돈 한 푼 남에게 베풀지 않은 탓이니라.

금생에 지혜가 높아 동량지재(棟樑之材)의 구실을 하는 사람은 무슨 까닭인가?

전생에 부처님의 말씀을 받들어 솔선하여 행하였기 때문이니라.

금생에 총명하여 재주가 좋은 사람은 무슨 까닭인가?

전생에 경전을 널리 보급하여 스님이나 공부하는 이에게 도움을 준 인연이니라.

금생에 총명하고 슬기 있는 사람은 무슨 연고인가?

전생에 재 지내고 염불 열심히 한 공덕이니라.

금생에 높은 자리에 올라 사람들을 통솔하는 이는 무슨 까닭인가?

전생에 불상을 조성하였거나 불쌍하고 가엾은 사람을 구제해 준 때문이니라.

금생에 건강하고 안락하게 잘 사는 사람은 무슨 까닭인가?

전생에 좋은 약을, 공부하는 사람이나 스님에게 기꺼이 희사하고 또 병든 사람을 보살피고 약을 준 공덕이니라.

금생에 부부화목하고 귀자다복한 사람은 무슨 까닭인가?
전생에 정법을 숭상하고 많은 선근(善根)의 인연을 맺은 까닭이니라.

금생에 음성이 고와서 사람들을 즐겁게 해 주는 사람은 무슨 까닭인가?
전생에 구리와 쇠를 희사하여 범종불사(梵鐘佛事)를 잘 하였기 때문이니라.

금생에 많은 사람의 공경을 받는 사람은 무슨 까닭인가?
전생에 빈부귀천을 가리지 않고 사람의 가치가 존귀함을 스스로 깨달아 이를 남들에게 가르쳐 준 연고이니라.

금생에 눈빛이 맑고 얼굴이 밝은 사람은 무슨 까닭인가?
전생에 부처님 앞에서 등불을 밝혀 고운 마음씨를 가졌기 때문이니라.

금생에 용모가 뚜렷하여 단정하고 우아하게 잘난 사람은 무슨 까닭인가?

전생에 냄새 좋은 향이나 아름다운 꽃을 불전에 헌공한 공덕이니라.

금생에 즐거움을 잊지 않고 살아가는 사람은 무슨 까닭인가?
전생에 꽃을 잘 가꾸고 자연을 사랑한 탓이니라.

금생에 부모를 모시고 화목하게 잘 사는 사람은 무슨 까닭인가?
전생에 여러 사람과 더불어 한 자리에 모여서 도를 닦고 불경을 청정한 마음으로 읽은 사람이니라.

금생에 근심 걱정 없이 살아가는 사람은 무슨 까닭인가?
전생에 스승을 잘 모시고 부처님의 말씀을 따랐기 때문이니라.

금생에 부부간에 화목하고 금슬이 좋은 사람은 무슨 까닭인가?
전생에 약속을 잘 지키고 신의를 존중한 탓이니라.

금생에 부부가 백년해로 하는 사람은 무슨 까닭인가?
전생에 부처님께 당번(높은 회대 등에 여러 가지 아름다운 실과 천으로 장엄하게 늘어뜨리고 끝은 여의주로 장식된 법을 표시한 깃발) 공양드린 공덕이니라.

금생에 부모가 다 살아계시며 부모에게 사랑받고 함께 사는 사람은 무슨 연고인가?
전생에 혼자된 사람을 잘 돌봐 주고 공경한 공덕이니라.

금생에 부모가 없는 사람은 어떤 까닭인가?
전생에 많은 새를 때려잡은 과보이니라.

금생에 아름답고 잘난 배필을 만나 행복을 누리며 잘 살아가는 사람은 무슨 까닭인가?
전생에 부처님의 경전을 많이 인간(印刊)해서 널리 법보시(法布施) 공덕(功德)을 베푼 인연이며, 또 불문 귀의하도록 많이 연결지은 공덕이니라.

금생에 의식이 유족하여 부귀와 영화를 누리는 사람은 무슨 까닭인가?
전생에 재물을 탐내어 인색하지 않고 가난한 사람을 위해 서슴없이 보시(布施) 희사(喜捨)하였기 때문이니라. 또 절 짓고 암자 세운 공덕이니라.

금생에 남에게 시기를 당하거나 부당하게 천대받는 사람은 무슨 까닭인가?

전생에 부처님 앞에 절하면서 의심을 품는 탓이니라.

금생에 비천하여 사람답게 살지 못하는 이는 사람은 무슨 까닭인가?

전생에 남을 학대하고 남에게 도움이 되는 일을 하지 아니하였으며, 또 비록 재물이 없어 보시공덕을 못 지을 적에 남에게라도 선행을 권유하는 일을 꺼린 연고이니라.

금생에 종노릇을 하는 사람은 어떤 연고인가?

전생에 은혜를 갚지 않고 의리를 지키지 않은 탓이니라.

금생에 고실광대 높은 집에 사는 사람은 무슨 까닭인가?

전생에 높은 산에 있는 암자나 절에 쌀 시주 많이 한 공덕이니라.

금생에 남에게 부림을 받아가며 궂은 일로 평생토록 살아가는 이는 무슨 까닭인가?

전생에 수하의 사람이나 짐승을 함부로 학대하고 괴롭힌 과보이니라.

금생에 몸이 쇠약해서 병이 많아 신음하는 이는 무슨 까닭인가?

전생에 악취를 남에게 뿌리며 불전을 더럽힌 탓이니라.

금생에 수명이 길고 그 이름 떨쳐 태산같이 높은 사람은 무슨 까닭인가?

전생에 많은 생명을 보호하고 방생공덕을 베푼 때문이니라.

금생에 의식주가 풍족하여 여러 가솔이 단란하게 사는 사람은 무슨 까닭인가?

전생에 부처님 계신 불전(佛殿)을 청정히 하였기 때문이며, 또 전생에 가난한 사람에게 차와 밥을 베풀어 준 공덕이니라.

금생에 음식 솜씨가 좋고 살림 잘하는 여자는 무슨 까닭인가?

전생에 부처님 앞에 지성(至誠)껏 공양(供養)한 공덕이니라.

금생에 화합으로 매사를 도모해 가는 사람은 무슨 까닭인가?

전생에 거짓말하지 않고 청정한 계행(戒行)을 지켜 항상 깨끗한 손으로 부처님께 향(香)을 올렸기 때문이니라.

금생에 남과 싸움을 일삼고 시비곡절을 지나치게 따지는 사람은 무슨 까닭인가?

전생에 많은 사람을 괴롭힌 과보이니라.

금생에 아들 손자 자손이 많은 사람은 무슨 까닭인가?

전생에 갇힌 새를 날려 보낸 공덕이니라.

금생에 자식이 없거나 잘못 기르게 된 사람은 어떤 연고인가?

전생에 여자 몸에 빠져 산 과보이니라.

금생에 자식에게 학대받는 여자는 무슨 까닭인가?

전생에 자식을 돌보지 않고 외간 남자와 정을 통한 과보이니라.

금생에 방탕한 자식을 두어 고통 받는 사람은 무슨 까닭인가?

전생에 자식들이 보는 앞에서 방탕한 음행을 하였기 때문이니라.

금생에 처녀의 몸으로 죽는 여자는 무슨 까닭인가?

전생에 처녀의 몸으로 남자와 놀아나 방탕한 행동을 한 과보이니라.

금생에 아들딸 없이 외롭게 사는 사람은 무슨 까닭인가?

전생에 꽃을 함부로 꺾고 자연을 해친 업보이니라.

금생에 남편을 잃고 혼자 고독하게 사는 여자는 무슨 까닭인가?

전생에 사람들을 괴롭히고 남편을 괄시하여 학대한 탓이니라.

금생에 상처하고 홀아비로 지내는 사람은 무슨 까닭인가?

전생에 연약한 사람들을 구박하고 자기 아내를 천대하며 괄시한 연고이니라. 또 남의 아내와 간음한 과보이니라.

금생에 부모를 업신여기고 학대하는 패륜아는 무슨 까닭인가?

전생에 부처님의 정법(正法)을 소홀히 하고 부모의 은혜를 저버린 탓이니라.

금생에 일찍이 부모님을 잃고 고아로 살아가는 이는 무슨 까닭인가?

전생에 부모를 가볍게 여기고 학대하거나 윗사람을 업신여긴 업보이니라.

금생에 남의 생명을 빼앗거나 죄를 지어 무거운 형벌을 받는 이는 무슨 까닭인가?

전생에 사람을 해쳤거나 뭇 생명을 함부로 가볍게 여겼던 탓이니라.

금생에 약한 사람을 괴롭히고 강한 사람에게 아부하는 이는 무슨 까닭인가?

전생에 권세를 믿고 방자하게 행동하고 간교한 짓을 일삼았기 때문이니라.

금생에 뜻하지 않은 재난으로 불구의 몸이 되거나 가족을 잃는 이는 무슨 까닭인가?

전생에 불경의 말씀이나 스승의 가르침을 어기고 많은 사람들의 뜻을 거역한 탓이니라.

금생에 제명을 못 채우고 단명한 사람은 무슨 까닭인가?

전생에 함부로 살생하고 뭇사람의 마음과 몸을 괴롭힌 과보이니라.

금생에 괴질(怪疾)로 신음하거나 목숨을 잃는 사람은 무슨 까닭인가?

전생에 부처님 도량이나 청정한 곳에 함부로 침이나 가래를 뱉어 더럽게 한 때문이니라.

금생에 맛좋은 음식을 두고도 위장이 나빠서 먹지 못하는 것은 무슨 까닭인가?
전생에 부처님 앞에 놓여 있는 음식을 훔쳐 먹었거나 남보다 먼저 먹은 탓이니라.

금생에 눈이 붉고 충혈이 심한 사람은 무슨 까닭인가?
전생에 길 인도를 잘못한 때문이니라.

금생에 눈 밝은 사람은 무슨 연고인가?
전생에 기름 시주 많이 하고 부처님께 등불 밝힌 공덕이니라.

금생에 한쪽 눈을 못 뜨고 보지 못하는 사람은 무슨 까닭인가?
전생에 올바른 길을 똑바로 가르쳐 주지 않은 탓이니라.
금생에 입병 잘 앓는 사람은 무슨 까닭인가?
전생에 부처님 앞에 있는 등불을 입으로 불어서 꺼버린 과보이니라.

금생에 귀머거리나 벙어리로 태어나는 사람은 무슨 연고인가?

전생에 부모에게 욕하고 멸시한 과보이니라.

금생에 꼽추로 태어나는 사람은 무슨 까닭인가?

전생에 예불하는 사람을 보고 비웃은 탓이니라.

금생에 팔이 비틀어진 사람은 무슨 까닭인가?

전생에 그 손으로 나쁜 짓을 한 탓이니라.

금생에 다리가 비틀어져 절름발이가 된 사람은 무슨 까닭인가?

전생에 길 가는 사람을 막아 놓고 때린 탓이니라.

금생에 살다가 눈이 우연히 어두워지는 것은 무슨 까닭인가?

전생에 부처님 앞의 등불을 입으로 불어 끈 탓이니라.

금생에 우연히 병신이 된 사람은 무슨 까닭인가?

전생에 부처님 앞에 있는 향로(香爐)를 타 넘고 경전을 타 넘은 업보이니라.

금생에 우치(愚癡)하며 또는 귀가 멀고 말도 잘 못하는 이는 무슨 까닭인가?

전생에 스님들을 흉보고 희롱하였거나 스승을 잘 섬기지 않은 과보이니라.

금생에 난쟁이가 되어 볼품없는 이는 무슨 까닭인가?

전생에 부처님의 경전을 더럽히고 늠름한 나무를 함부로 베어서 죽게 한 탓이니라.

금생에 몸에서 더러운 냄새가 풍기는 사람은 무슨 까닭인가?

전생에 부처님의 앞이나 남의 면전에서 추한 모습을 보였거나 더러운 꼴로 출입한 탓이며, 또 가짜 향을 판 탓이니라.

금생에 귀가 먹어 듣지 못하고 앞을 보지 못하는 사람은 무슨 까닭인가?

전생에 남의 물음에 동문서답하고 길을 물어도 제대로 가르쳐 주지 않은 업보이니라.

금생에 귀머거리는 어떤 까닭인가?

전생에 경 읽는 소리를 듣기 싫어한 과보이니라.

금생에 항상 병고에 신음하는 사람은 무슨 까닭인가?

전생에 부처님 도량에서 고기 먹고 술 마셨거나 질투심이 많았기 때문이니라.

금생에 문둥병으로 피고름이 끊임없이 흐르고 온몸에 썩은 냄새가 나는 사람은 무슨 까닭인가?

전생에 불탑을 소홀히 하였거나 도굴하여 헐어버린 죄보이니라.

금생에 성 불구의 몸이 되어 고통 받는 이는 무슨 까닭인가?

전생에 자기 배우자가 아닌 사람과 통정을 하였거나 강제로 성욕을 채운 죄보이니라.

금생에 애꾸눈이 된 사람은 무슨 까닭인가?

전생에 일찍이 거짓 물건으로 남의 눈을 속여 부당한 욕심을 부린 탓이니라.

금생에 허리뼈가 빠진 사람은 무슨 까닭인가? 전생에 부처님 앞에서 절하는 사람을 조소하고 우롱한 죄이니라.

금생에 얼굴이 누추하고 보기 흉한 사람은 무슨 까닭인가?

전생에 몸맵시가 좋은 사람을 시기하되 스스로 몸을 돌보지 않은 까닭이니라.

금생에 불구의 몸이 되어 고생하는 이는 무슨 까닭인가?

전생에 함부로 불법을 행하고 물고기를 낚아 올린 과보이니라.

금생에 코가 납작해서 사람들의 놀림을 받는 이는 무슨 까닭인가?

전생에 불전에 올리는 향을 가짜로 만들었거나 사람들이 먹는 음식물을 더럽혀서 팔았기 때문이니라.

금생에 와서 악한 질환(疾患)으로 고생하는 사람은 무슨 까닭인가?

전생에 남이 귀하게 되는 것을 시기하고 방해한 탓이니라.

금생에 짐승으로 태어나 우마(牛馬)의 신세로 고생하는 것은 무슨 까닭인가?

전생에 은혜와 의리를 저버리고 남의 빚을 갚지 아니한 때문이니라.

금생에 돼지나 개가 되는 이는 무슨 까닭인가?

전생에 남을 속이고 해친 사람이니라.

금생에 제명대로 못 살고 자살하는 사람은 무슨 까닭인가?

전생에 개천 물을 막고 독약을 풀어서 물고기를 잡은 업보이니라.

금생에 귀한 벼슬자리는 무슨 연고인가?
그 전생에 있어 불상을 도금한 공덕이라. 전생에 닦아서 금생에 받는 것이니, 곤룡포와 금관 조복도 불전에 구할지니라. 도금불사가 바로 자기 몸단장이니, 부처님 위하는 것이 제 몸 위하는 것이니라. 높은 벼슬자리가 쉽다고 하지 말라. 전생에 닦지 못한 일이 어디서 오겠는가?
금생에 굶어 죽는 사람은 무슨 까닭인가?
전생에 쥐구멍과 뱀 구멍을 때려 막은 탓이니라.

금생에 난쟁이 신세는 무슨 까닭인가?
전생에 경전 책을 흙바닥에 던진 탓이니라.

금생에 목구멍에 피 올리는 자는 무슨 연고인가?
전생에 고기 먹고 염불하고 독경한 과보이니라.

금생에 창병, 간질병, 미친병은 무슨 까닭인가?
전생에 불도량에서 고기 구운 과보이니라.
금생에 비참한 죽음을 맞는 사람은 무슨 연고인가?

전생에 여자를 숲에 끌고 가서 욕보인 과보이니라.

금생에 늙어서 혼자되어 외롭고 슬픈 사람은 무슨 연고인가?
전생에 다정한 사람들을 보고 항상 질투하던 과보이니라.

금생에 호랑이나 독사에게 물리는 사람은 무슨 까닭인가?
전생에 원수 짓고 마주치면 해를 입힌 탓이니라.

금생에 벼락 맞고 불에 타 죽고 하는 자는 무슨 까닭인가?
전생에 되질, 말질, 저울눈을 속이던 과보이니라.

금생에 천재지변(天災地變)을 만나 참변을 당하는 사람은 무슨 까닭인가?
전생에 재물을 탐내 저울이나 말수(斗量)를 속여 편취한 과보이니라.

금생에 뱀이나 새로 태어나는 것은 무슨 까닭인가?
전생에 간사하고 거짓되고 경솔한 업을 지은 탓이니라.

금생에 맹수나 독사에게 물린 이는 무슨 까닭인가?
전생에 불법승(佛法僧) 삼보(三寶)를 거역하고 싸움질로 원수를 갚았기 때문이니라.

금생에 감옥살이를 하는 사람은 무슨 까닭인가?
전생에 남의 사정 보지 않고 서슴없이 악한 짓한 과보이니라.

금생에 독약 먹고 죽는 사람은 무슨 까닭인가?
전생에 냇물 막고 독약을 뿌려 물고기를 잡은 과보이니라.

금생에 고독한 신세가 되어 구걸하러 다니는 사람은 어떤 연고인가?
전생에 악한 마음을 품고 따지기를 좋아한 탓이니라. 진리의 말씀이나 정의와 참됨을 보고도 못 본 체하고 듣고도 못 들은 체하며 믿지도 아니하는 사람은 필경에는 축생(畜生)의 과보를 받을 것이니라.

불법승 삼보를 거역함이 제일가는 죄업이 되고 부모를 거역함은 은혜를 저버리는 것이니라. 이 가르침을 믿지 않고 행하지 아니하면 살아서 곤궁하고 사람다운 사람이 될 수 없으며, 자칫 죽어서는 지옥이나 악도(惡道)에 떨어질 것이니라.

인연과 과보의 이치를 잘 알아서 믿고 행하는 사람은 천상천하(天上天下)에 존귀한 사람이 될 것이니라. 누구든지 인과를 설하는 경계를 자세히 듣고 실행할지니라.

수없는 죄와 복을 자신이 짓고 자신이 받으니 지옥에 떨어진들 원망하랴. 재(齋) 많이 지내고 닦은 공덕이 믿음이 안 가면 가까이 복 받는 사람을 볼 것이요, 전생에 지은 공덕 금생에 받고 금생에 지은 공덕 후세에 받을지니라.

만약에 어느 누구라도 이 경을 비방한다면 후세에 사람 몸을 받을 수 없는 곳에 태어나고 이 경을 받아 지니고 다니면 시방 법계 불보살이 증명할 것이며 이 경을 출판한다면 대대로 집안이 학문이 높아 명문대가가 될 것이니라.

어떤 사람이라도 인과경을 받들어 지니면 흉한 재화나 액난에서 벗어날 수 있으며 이 경을 강론하는 사람은 세세생생에 지혜와 총명함을 얻을 것이요, 어느 누구라도 인과경을 독송한다면 후세에 태어나 모든 사람들에게 존경을 받을 것이니라.

이 경을 널리 여러 사람들에게 권장하고 펼친다면 후세에 제왕 몸을 얻을 수 있으리라.
만약 전생의 인과경을 묻는다면 가섭이 보시한 공덕으로 금

빛 몸을 얻은 것을 말할 수 있고 만약 후세의 인과경을 묻는다면 선성(善星: 부처님께서 오랜 옛날 보살이었을 때의 아들. 그는 출가하여 제4선정(第四禪定)까지 깨우쳤으나 나쁜 친구를 가까이 하여 인과를 업신여기고 부처님에게 악심까지 품어 무간지옥에 빠졌다.)이 법을 비방하다가 사람 몸을 잃은 것을 말할 수 있으리라.

삼세 인과경을 받아 닦아서 거듭 선과(善果)를 닦으면 모든 하늘이 도움을 안겨줄 것이요, 많은 복록이 풍족할지니라.

누구든지 인과를 믿고 인과를 지킬 것이며, 이를 믿고 지키는 사람은 언제 어디서나 안락하여지고, 항상 삼보청룡이 옹호하여 주느니라.

삼세의 인과설은 다함이 없고 용과 하늘은 착한 마음 가진 이를 저버리지 않으며 삼보 문중에 복덕 닦기를 즐겨한다면 한 푼 희사라도 만금을 되돌려받을 수 있느니라.

너희에게 견우고(堅牛庫: 재물과 값진 보배가 가득하고 병들지 않고 오래 살 수 있으며 나쁜 마음까지 없어지는 약이 있다는 창고)를 주노니 세세생생에 복락이 끝이 없으리라.

금생에 삼보를 공경하고 귀의(歸依)하며 진실로 믿어서 경전을 법보시하는 사람은 다음 생에는 반드시 귀하게 태어나서 무량한 복락을 얻을지니라.

만약 인과경을 써내거나 펴내는 데 힘쓰고 시주하는 사람이 있으면 그는 어떠한 역경에도 이겨낼 수 있는 용기와 지혜를 얻어 마음의 안정을 도모할 수 있을지니라.

만약 인과경을 가르치는 사람이 있으면 그를 많은 사람이 존경하고 추앙할 것이며 죽어서는 극락세계로 가서 다시 새로운 생을 얻을 수 있을지니라.

만약 전생의 인과를 물을진대 다만 이생에 있어 복 받는 사람을 볼지니라. 만약 후생의 인과를 알고자 할진대 이 세상에서 행동하고 있는 것을 볼지니라.

이 세상에서 우연히 물건을 잃었거나 도적을 만나 빼앗기면 그것은 전생의 진 빚을 갚는 것이지만, 남을 동정하고 고통 받는 사람을 가엾이 보살피는 이는 내생의 인을 맺으며, 선과(善果)를 받게 되는 것이니라.
예컨대, 전생에 부귀를 누렸다고 하더라도 계속해서 공덕을 짓지 아니하면, 이미 지어 놓은 복은 하나이니 어찌 복을 계속하여 짓지 아니할 것인가? 그러므로 내일의 행복을 위하여 끊임없이 오늘의 복을 지어야 할 것이다.

내일의 행복을 위하여 오늘에 있어 선한 인연을 지으면 그는 언제 어디에서도 마음의 안정을 얻고 사람의 존경을 받으며, 의식은 구족할 것이다. 만약 사람이 인과법을 믿고 공경하면, 아미타불과 서로 짝할 것이니라.

말세중생이 복이 없고 때[垢]가 중하여, 인과를 알지 못하고, 종종 타락하는 도다. 부처님의 말씀을 전하는 이 경(經)이 세상에 있으니 만약 수행하는 비구, 비구니와 선남선녀들이 이 경을 써서 세상에 전포(傳布)하여 염송하는 자가 있으면 이 세상에서 부귀영화와 건강과 같은 사람들의 소구 소망을 성취하고 곧 불국정토 극락세계 아미타불이 계신 연화대에 탄생하여 부처님의 수기를 받을 것이니라.

만 가지 업이 스스로 지어 스스로 받는 것이니 지옥에 들어가서 온갖 괴로움을 받은들 누구를 원망할 것인가, 인과를 현재에 보는 사람이 없다고 이르지 말라. 멀리는 자손에게 있고 가까이는 자기 몸에 있느니라.
만약 어떤 사람이 인과경을 훼방하면 후세에는 악도에 떨어짐이 있으리라. 전생에 닦고 와서 이생에 받는 것이니 금생에 마음을 닦지 아니하면 어느 때에 복을 지으리오.

누구든지 인과경을 받아 지니면 제불보살이 증명을 지어주니라. 만약 인과의 감응이 없다면 목련존자(신통제일)의 어머니가 어찌 아들의 천도재(遷度齋)로 천상에 날 수 있었겠는가.

누구든지 깊이 인과경을 믿고 닦아 행하면 다 같이 내생에는 극락세계로 가서 나게 되느니라. 삼세인과의 높고 깊은 뜻을 쉽게 말할 수는 없으나, 천룡팔부호법신장이 착한 사람을 옹위할 것이니라."

부처님께서 이 경을 설하여 마치시니 모든 하늘의 천룡팔부 신장과 사람, 사람 아닌 사람[人非人] 등 모든 생령이 다 크게 기뻐하며 신수봉행(信受奉行)하기를 맹세하고 물러났다.

입을 지키고, 마음을 거두어, 몸으로 범하지 말라. 이와 같이 행하는 자라야 능히 도를 얻느니라.

【지장경의 인과응보】

지장보살 본원경 제4염부중생업감품(第四閻浮重生業感品)에 나타난 인과응보에 대한 것을 대략 정리하면 아래와 같다.

그때 부처님께서 지장보살에게 이르시기를 "일체 중생들이 해탈을 얻지 못하는 것은, 마음가짐을 한결 같이 갖지 못하여 악하거나 착한 습관으로 업을 짓기 때문이라. 그리하여 나쁜 과보나 좋은 과보를 받으면서 경계에 따라 육도를 윤회하면서 잠시도 쉴 사이가 없느니라……" 이하 생략.

부처님께서 정자재왕보살에게 이르시기를,

"선을 행하지 않는 자,

악을 행하는 자,

인과를 믿지 않는 자,

사음을 행하는 자,

거짓말하는 자,

이간질하는 자,

나쁜 말을 하는 자,

대승을 비방하는 자 등 모든 죄업을 짓는 사람들이 지장보살께 잠깐 동안이라도 귀의하면 삼악도의 죄업에서 벗어나느니라."고 말씀하고 계신다.

◈ 지극한 마음으로 부처님께 귀의하여 공경하고 예배하고 찬탄하면서 향, 꽃, 의복과 여러 가지 귀한 보배와 좋은 음식을 공양 올리는 사람은 미래의 백천만억 겁 중에 항상 하늘나라에 태어나 아주 뛰어난 즐거움을 누릴 것이다. 하늘의 복이 다하여 다시 인간 세상으로 태어난다 하더라도 백천 겁을 항상 제왕이 될 것이며 능히 전생과 모든 인과의 시작과 끝을 다 기억하게 된다.

◈ 만약 산목숨을 죽이는 자는 태어날 때마다 재앙이 있고 단명하는 과보를 받는다.

◈ 만약 도둑질하는 자는 빈궁하여 고통을 받는 과보를 받는다.

◈ 만약 사음하는 자는 비둘기, 오리, 원앙새로 태어나는 과보를 받는다.

◈ 만약 악담하는 자는 친족간에 서로 다투는 과보를 받는다.

◈ 만약 남을 헐뜯는 자는 혀가 없거나 입에 부스럼이 생기는 과보를 받는다.

◈ 만약 화를 잘 내는 자는 얼굴에 더럽고 추악한 풍창이 생기는 과보를 받는다.

◈ 만약 탐내고 인색한 자는 구하는바 소원이 뜻대로 되지 않는 과보를 받는다.

◈ 음식을 절도 없이 먹는 자는 배고프고 목마르고 목병이 생기는 과보를 받는다.

◈ 만약 사냥하기를 즐기는 자는 놀라 미쳐서 목숨을 잃어버리는 과보를 받는다.

◈ 만약 부모의 뜻을 어기고 거역하는 자는 천재지변으로 졸지에 죽는 과보를 받는다.

◈ 만약 산이나 숲에 불을 지르는 자는 미쳐 헤매다 정신없이 죽는 과보를 받는다.

◈ 만약 부모에게 악독하게 하는 자는 다음 생에 태어나 매를 맞는 과보를 받는다.

◈ 만약 그물로 살아 있는 동물의 새끼를 잡는 자는 다음 생에 가족이 이별하는 과보를 받는다.

◈ 만약 삼보를 헐뜯고 비방하는 자는 눈멀고 귀 멀고 벙어리가 되는 과보를 받는다.

◈ 만약 부처님의 법과 가르침을 가볍게 여기고 업신여기는 자는 영원한 악도(惡道)에 떨어지는 과보를 받는다.

◈ 만약 절의 물건을 파괴하거나 함부로 쓰는 자는 억겁을 지옥에서 맴도는 과보를 받는다.

◈ 만약 청정한 행을 더럽히고 스님을 속이는 자는 영원토록 짐승으로 태어나는 과보를 면하지 못한다.

◈ 만약 끓는 물, 타는 불, 도끼, 낫 등으로 남을 해치거나 다치게 하는 자는 윤회하면서 서로 갚게 되는 과보를 받는다.

◈ 만약 계율을 지키지 않고 재계(齋戒)를 어기는 자는 새와 짐승이 되어 굶주리는 과보를 받는다.

◈ 만약 재물을 옳지 않게 쓰는 자는 구하는바가 막혀 더 이상 생기지 않는 과보를 받는다.

◈ 만약 아만심이 높은 자는 남에게 부림을 당하는 천한 몸이 되는 과보를 받는다.

◈ 만약 이간질하는 말로써 서로 다투게 하는 자는 혀가 없거나 혀가 백이나 되는 과보를 받는다.

◈ 만약 소견이 그릇된 자는 야만족으로 태어나는 과보를 받는다.

이상의 내용은 "지장보살님이 염부제 중생들에게 몸과 입과 뜻으로 짓는 악업으로 인해 받게 되는 백천 가지의 과보 가운데 일부만 말하는 것이다" 그리고 "지장보살님은 염부제 중생들이 짓는 갖가지 죄업에 따라 백천 가지 방편으로 제도한다"라고 말하고 있다.

【 영가천도기도법 】

1) **천수경**(千手經)
2) **정근**(精勤)

나무 남방화주 대원본존 지장보살

「지장보살」 …… 시간되는 대로

지장보살 멸정업진언(滅定業眞言)(정근을 마칠 때)

옴 바라 마니다니 사바하(세 번)

지장대성위신력 항하사겁설난진

견문첨례일념간 이익인천무량사

고아일심귀명정례 _()_

3) **영가전 법문**(法文)

◈ 또박또박 천천히 읽는다.

신령한 근원은 맑고도 고요하여 예도 없고 지금도 없고 묘한 본체는 둥글고도 밝아서 태어남과 죽음도 없으니 이는 석가세존께서 마갈타에서 문을 닫고 계시던 소식이며 달마대사께서 벽을 향해 앉으셨던 경지입니다.

그러므로 사라수 아래에서 관 밖으로 두 발을 보이셨고 총령 마루턱에서 손에 신 한 짝을 들고 가셨습니다. OOO 영가시여!

이 비고 고요한 정체를 알겠습니까? (조금 있다가)

구부렸다 폈다 함에 은밀히 현현하고
보고 들을 때에 분명히 역력합니다.
만일 이 도리를 아신다면
법신을 활짝 증득하셔서 주림을 영원히 여의소서!
만일 그렇지 못하거든 부처님의 위신력과 법력을 빌어 무생법
인을 증득하소서. _()_

4) 대방광불화엄경(大方廣佛華嚴經)

약인욕요지(若人慾了知) 삼세일체불(三世一切佛)
응관법계성(應觀法界性) 일체유심조(一切唯心造)
(세 번)

5) 광명진언(光明眞言)

옴 아모카 바이로차나 마하무드라 마니파드마 즈바라 프라
바를타야 훔(세 번 또는 일곱 번, 스물한 번 한다)

6) 파지옥진언(破地獄眞言)

옴 가라지야 사바하(세 번)

7) 해원결진언(解寃結眞言)

옴 삼다라 가닥 사바하(세 번)

8) 상품상생진언(上品相生眞言)

옴 마니다니 훔훔 바탁 사바하(세 번)

9) 발원(發願)

원하옵건대 제가 지금 지성으로 합장하고 머리 숙여 지장보살님께 원하오니 대자비를 내리시어 ㅇㅇㅇ 영가께서 극락왕생 하시도록 굽어 살펴 주옵소서.

원하옵건대 사생육도의 모든 생명 있는 중생들이 다겁생래에 지은 죄업이 모두 소멸되기를 제가 이제 머리 숙여 참회하오며 절 하옵나니 모든 죄업과 업장이 사라지고 태어날 적마다 보살도를 닦기를 바라나이다.

원하옵나니 이와 같은 공덕이 저를 비롯한 모든 일체중생들에게 두루 하여 모두가 반드시 극락왕생하여 함께 아미타부처님을 친견하고 함께 성불하기를 발원하나이다.

나무석가모니불······ (세 번) _()_

◎ 이산혜연선사 발원문

　시방삼세 부처님과 팔만사천 큰 법보와 보살성문 스님네께 지성귀의 하옵나니 자비하신 원력으로 굽어살펴 주옵소서. _()_

　저희들이 참된 성품 등지옵고 무명 속에 뛰어들어 나고 죽는 물결 따라 빛과 소리 물이 들고 심술궂고 욕심내어 온갖 번뇌 쌓았으며 보고 듣고 맛봄으로 한량없는 죄를 지어 잘못된 길 갈팡질팡 생사고해 헤매면서 나와 남을 집착하고 그른 길만 찾아다녀 여러 생에 지은 업장 크고 작은 많은 허물 삼보전에

　원력 빌어 일심참회 하옵나니 바라옵건대 부처님이 이끄시고 보살님네 살피옵서 고통바다 헤어나서 열반언덕 가사이다. 이 세상에 명과 복은 길이길이 창성하고 오는 세상 불법 지혜 무럭무럭 자라나서 날 적마다 좋은 국토 밝은 스승 만나오며 바른 신심 굳게 세워 아희로서 출가하야 귀와 눈이 총명하고

　말과 뜻이 진실하며 세상일에 물 안 들고 청정범행 닦고 닦아 서리같이 엄한 계율 털끝인들 범하리까 점잖은 거동으로 모든 생명 사랑하여 이내목숨 버리어도 지성으로 보호하리 삼재팔난 만나잖고 불법인연 구족하며 반야지혜 드러나고 보살마음 견고하여 제불정법 잘 배워서 대승진리 깨달은 뒤 육바라밀 행을 닦아 아승지겁 뛰어넘고 곳곳마다 설법으로 천겹만겹 의

심 끊고 마군중을 항복받고 삼보를 뵙사올제 시방제불 섬기는 일 잠깐인들 쉬오리까, 온갖 법문 다 배워서 모두 통달 하옵거든 복과 지혜 함께 늘어 무량중생 제도하며 여섯 가지 신통 얻고 무생법인 이룬 뒤에 관음보살 대자비로 시방법계 다니면서 보현보살 행원으로 많은 중생 건지올제 여러 갈래 몸을 나퉈 미묘 법문 연설하고 지옥아귀 나쁜 곳에 광명 놓고 신통 보여 내 모양을 보는 이나 내 이름을 듣는 이는 보리 마음 모두 내어 윤회고를 벗어날제 화탕지옥 끓는 물은 감로수로 변해지고 금수도산 날선 칼날 연꽃으로 화하여서 고통 받던 저 중생들 극락세계 왕생하며 나는 새와 기는 짐승 원수 맺고 빚진 이들 갖은 고통 벗어나서 열반언덕 가사이다. 이 세상에 권속들도 누구누구 할 것 없이 얽히었던 애정 끊고 삼계고해 벗어나서 시방세계 중생들이 모두 성불 하사이다. 허공 끝이 있사온들 이내소원 다하리까 유정들도 무정들도 일체종지를 이루어지이다. _()_

10) 우리말 반야심경(般若心經)

관자재보살이 깊은 반야바라밀다를 행할 때

다섯 가지 쌓임이 모두 공한 것을 비추어 보고

온갖 괴로움과 재앙을 건너느니라.

사리불이여 물질이 공과 다르지 않고

공이 물질과 다르지 않으며

물질이 곧 공이요, 공이 곧 물질이니

느낌과 생각과 지어감과 의식도 그러하니라.

사리불이여 이 모든 법의 공한 모양은

나지도 않고 없어지지도 않으며

더럽지도 않고 깨끗하지도 않으며

늘지도 않고 줄지도 않느니라.

그러므로 공 가운데에는 물질도 없고

느낌과 생각과 지어감과 의식도 없으며

눈과 귀와 코와 혀와 몸과 뜻도 없으며

빛과 소리와 냄새와 맛과 닿임과 법도 없으며

눈의 경계도 없고 의식의 경계까지도 없으며

무명도 없고 또한 무명의 다함까지도 없고

늙고 죽음도 없고

또한 늙고 죽음이 다함까지도 없으며

괴로움과 괴로움의 원인과 괴로움이 없어짐과

괴로움을 없애는 길도 없으며

지혜도 없고 얻음도 없느니라.

얻을 것이 없는 까닭에 보살은 반야바라빌다를
의지하므로 마음에 걸림이 없고 걸림이 없으므로
두려움이 없어서 뒤바뀐 헛된 생각을 아주 떠나
완전한 열반에 들어가며
과거 현재 미래의 모든 부처님도
이 반야바라밀다를 의지하므로
아뇩다라삼먁삼보리를 얻느니라.

그러므로 반야바라밀다는
가장 신비한 주문이며
가장 밝은 주문이며
가장 높은 주문이며
무엇과도 견줄 수 없는 주문이니
온갖 괴로움을 없애고
진실하여 허망하지 않음을 알아라.

그러므로 반야바라밀다의 주문을 말하노니
주문은 곧 이러하니라.

「아제 아제 바라아제 바라승아제 모지 사바하」(세 번)

기도 끝!

【 사대주(四大呪) 】

1. 나무대불정여래(南無大佛頂如來) 밀인수증요의(密因修證了義)
제보살만행(諸菩薩萬行) 수능엄신주(首楞嚴神呪)
◈ 부처님의 이마처럼 높은 비밀의 가르침으로 닦아 증득해서
   체달하기 위해 모든 보살들이 만행(萬行)을 닦을 경우 모든
   일이 마침내 확실하게 이루어지는 주문.

「다냐타 옴 아나례 비사제 비라 바아라 다리 반다 반다니 바
아라 바니반 호훔 다로옹박 사바하」(세 번)

2. 정본 관자재보살여의륜주(正本 觀自在菩薩如意輪呪)
◈ 관세음보살 같이 타심통을 얻어 생각에 자유를 얻을 수 있
   는 주문.

「나무 못다야 나무 달마야 나무 승가야 나무 아리야 바로기
제 사다야 모지 사다야 마하 사다야 사가라 마하가로 니가야
하리다야 만다라 다냐타 가가나 바라 지진다 마니마하 무다례
루로루로 지따 하리다예 비사예
  옴 부다나 부다니 야등」(세 번)

3. 佛頂心 觀世音菩薩 姥陀羅尼 (불정심 관세음보살 모타라니)

◈ 관세음보살이 천수천안으로 모든 중생을 건지듯 광대원만
한 마음을 얻어 무량중생을 제도할 수 있는 능력을 얻는 다
라니.

「나모라 다나다라 야야 나막 아리야 바로기제 새바라야 모지
사다바야 마하 사다바야 마하가로 니가야 다냐타 아바다 아바
다 바리바제 인혜혜 다냐타 살바 다라니 만다라야 인혜혜 바라
마수다 다야 옴 살바작수가야 다라니 인지리야 다냐타 바로기
제 새바라야 살바도따 오하야미 사바하」(세 번)

4. 불설소재길상다라니 (佛說消災吉祥陀羅尼)

◈ 모든 재앙을 없애고 길상을 성취하는 부처님의 진언.

「나모 사만다 못다남 아바라지 하다사 사나남 다냐타 옴 카
카 카혜 카혜 훔 훔 아바라 아바라 바라 아바라 지따 지따 지리
지리 빠다 빠다 선지가 시리예 사바하」(세 번)

오도송(悟道頌) 산책(散策)

제5장 第五章

육조(六祖) 혜능(慧能)선사

菩提 本無樹 깨달음은 본래 나무가 아니요,

明鏡亦 非帶 거울 또한 거울이 아니라네,

本來 無一物 본래, 한 물건도 없는데

何處惹塵埃 어디에서 티끌이 일어나랴.

조주(趙州)선사

春有百花秋有月 / 夏有凉風冬有雪

若無閑事掛心頭 / 便是人間好時節

봄에는 아름다운 백화가 만발하고

가을에는 밝은 달이 온천지 비추도다.

여름에는 서늘한 바람 불어오고

겨울에는 아름다운 흰 눈이 날리도다.

쓸데없는 생각만 마음에 두지 않으면

이것이 바로 좋은 시절이라네.

서산(西山)대사

主人夢說客 주인은 손에게 제 꿈 이야기하고

客夢說主人 손은 주인에게 제 꿈 이야기하누나.

今說二夢客 이제 두 꿈 이야기하는 나그네

亦是夢中人 이 또한 꿈속의 사람일세.

원효(元曉)대사

靑山疊疊彌陀窟 첩첩한 푸른 산은 아미타의 굴이요

滄海茫茫寂滅宮 망망한 큰 바다는 적멸의 궁전이로다.

서옹(西翁)선사

象王嚬呻獅子吼 상왕은 위엄 떨치고 사자는 울부짖는다

閃電光中辨邪正 번쩍이는 번갯불 가운데서 사와 정을 분별하도다

淸風凜凜拂乾坤 맑은 바람이 늠름하여 하늘과 땅을 떨치는데

倒騎白岳出重關 백악산을 거꾸로 타고 겹겹의 관문을 벗어나도다

만공(滿空)선사

空山理氣古今外 공산 이치가 다 고금 밖에 있고

白雲淸風自去來 흰 구름 맑은 바람 예부터 왔도다

何事達摩越西天 달마대사는 무슨 일로 서천을 넘었는가

鷄鳴丑時寅日出 닭은 축시에 울고 해는 인시에 뜨는구나

만해(卍海)선사

男兒到處是故鄕 남아 대장부는 머무는 곳이 바로 고향인 것을

幾人長在客愁中 수많은 나그네 시름 속에서 애태웠네

一聲喝破三千界 한 소리 버럭 지르니 삼천세계가 깨지고

雪裡桃花片片紅 눈 속에 붉은 복사꽃 흩날리네

소동파(蘇東坡)거사

溪聲便是長廣舌 시냇물 소리는 바로 부처님의 장광설이요

山色豈非淸淨身 산 색깔 또한 청정법신이 아
니겠는가

夜來八萬四千偈 밤사이 부는 바람 부처님의
팔만사천 법문이니

他日如何擧似人 도대체 이 심경을 어찌해야
보여주겠는가!

영가현각(永嘉 玄覺)선사

絶學無爲閑道人 배움이 끊어진 하릴없는 한
가한 노인은

不除妄想不求眞 망상도 없애지 않고 배움도
구하지 않나니

無明實性卽佛性 무명의 참 성품이 곧 불성이요

幻化空身卽法身 허깨비 같은 빈 몸이 법신이
니라

성철(性澈)선사

黃河西流崑崙頂 /日月無光大地沈 / 遽然一笑
回首立

遽然一笑回首立 /靑山依舊白雲中

황하수 서쪽으로 거슬러 흘러 곤륜 정상에 치

솟아 올랐으니 / 해와 달은 빛을 잃고 땅은 꺼
져 내리도다 / 문득 한번 웃고 머리를 돌려서
니 / 청산은 예대로 흰 구름 속에 섰네

무학(無學)대사

靑山綠水眞我面 푸른 산 푸른 물이 나의 참모
습이니

明月淸風誰主人 밝은 달, 맑은 바람의 주인은
누구인가

莫謂本來無一物 본래부터 한 물건도 없다 이
르지 마라

塵塵刹刹法王身 온 세계 티끌마다 부처님 몸
아니런가

진묵(震默)대사

天衾地席山爲枕 하늘을 이불로 땅을 자리로
산을 베게로 삼고

月燭雲屛海作樽 달을 촛불로 구름을 병풍으
로 바다를 술통으로 삼아

大醉居然仍起無 크게 취해 거연히 일어나 춤
을 추니

却嫌長袖掛崑崙 도리어 긴 소매가 곤륜산에
걸릴까 꺼려지네

임종게-월저선사
浮雲自體本來空 뜬구름 자체는 본래 공한 것
本來空是太虛空 본래 공인 것은 바로 저 허공
이니
太虛空中雲起滅 허공에 구름 일고 사라지나니
起滅無從本來空 일고 사라짐 자체도 온 데 없
는 본래 공이네

포대화상(布袋和尙)
只箇心心心是佛 다만 마음이라는 마음 그
마음이 부처니
十方世界最靈物 마음은 시방세계에 가장 영
특한 물건이다
縱橫妙用可憐生 가로 새로 묘한 작용 신통
한 그 놈이니
一切不如心眞實 온갖 것이 마음의 진실함만
못하다

5분 전이라는 마음으로 기도하자

"인생은 5분의 연속이다. 내게 정녕 최후의 5
분밖에 없다면, 과연 그 마지막 시간을 어떻게 사용할 것인가?"

-도스토예프스키-

러시아 정부는 1849년 4월에 반정부 인사 218명을 체포하여
이들 중 21명에게 총살형을 선고하였는데, 그 가운데 《죄와 벌》
로 유명한 도스토예프스키도 포함되어 있었다.

그해 12월 22일 영하 50도의 추운 겨울날 28년을 살아온 사
형수에게 최후의 5분이 허용되었다. 그는 같은 사형수에게 작별
인사하는 데 2분을 쓰고, 지금까지 살아온 생활과 생각들을 정
리하는 데 2분을 쓰고, 그리고 나머지 1분은 아름다운 자연을
바라보는 데 쓰기로 시간을 나누었다.

옆에 있는 사형수들과 작별의 키스를 하고나니 2분의 시간이
훌쩍 지나가 버렸다. "이제 3분 후면 내 인생도 끝이구나." 생각
이 들자 살아온 지난 28년 세월을 아껴 쓰지 못한 것이 후회스
럽기만 하였다.

"다시 한 번 인생을 살 수만 있다면 순간순간을 소중히 사용
하련만, 이제 죽었구나." 회한의 눈물을 흘리는 이때에 한 병사
가 흰 수건을 흔들며 황제의 사형중지 명령을 담은 칙령을 들고
왔다.

죽음의 문턱에서 살아난 그는 평생 이때를 생각하며 5분의 중요성을 간직하고 작품 활동에 몰입하며 살았다고 한다. 그럼 우리 불자들에게 죽음 직전에 5분이 허락된다면 어떻게 사용할 것인가? 한 번 생각해 볼 필요가 있는 것이다.

삶을 정리하는 마지막 5분은 죽음 이후에 이어지는 다음 생을 결정짓는 원동력(願動力)으로 작용하게 되니 어떠한 생각으로 죽음의 문턱을 밟고 저승으로 들어가느냐가 무척 중요한 일인 것이다.

파란 많은 세상살이를 마감하고 떠나갈 때 나무아미타불을 염송하게 되면 죽음의 공포를 떨치고 평안을 유지한 채 죽음을 맞이할 수 있고 아미타불이 친히 오셔서 극락세계로 영접하여 가신다고 한다.

평소에 기도 생활을 하지 않는 사람일지라도 임종 시에 나무아미타불을 염송하면서 죽음을 맞이하면 극락세계 하품에 태어나서 12대겁 동안 도를 닦아 성불하게 된다는 것이다. 평소에 기도 생활을 열심히 한 사람은 12대겁이라는 시간을 뛰어넘어서 곧바로 성불에 이르게 된다고 한다.

아미타불의 48대원력과 반드시 아미타불이 계시는 극락세계에 태어나서 도를 닦아 성불하겠다는 간절한 망자의 발원의 힘이 만나서 이루어지는 축복이라 할 것이다.

숨이 끊어지기 직전 5분 동안의 기도의 인연이 그래서 중요한 것이다. 평소에 아미타불 염불이 아닌 지장보살, 관세음보살, 또는 경전을 독송하는 것이라도 업장소멸과 함께 극락세계에 태어나겠다는 원을 세우고 하는 것이라면 다 함께 극락에 태어나게 된다.

인연에 따라서 공부하는 갈래는 다를 수 있어도 결과적으로 얻어지는 공덕은 하나인 것이니 지금까지 해 온 공부가 있으면 그대로 열심히 해 나가시면 된다. _()_나무아미타불~

- 기도자 참회문 -

원멸사생육도(願滅四生六途)법계유정(法界有情)다겁생래죄업장
(多劫生來罪業障)아금참회계수례(我今懺悔稽首禮)원제죄장실소제
(願諸罪障悉消除)세세상행보살도(世世常行菩薩道)

원하옵건대 사생육도의 모든 생명이 있는 중생들이 다겁생래
에 지은 죄업이 모두 소멸되기를 제가 이제 머리 숙여 참회하오
며 절 하옵나니 모든 죄업과 업장이 사라지고 태어날 적마다 보
살도를 닦기를 바라나이다.

원이차공덕(願以此供德)보급어일체(普及於一切)아등여중생(我等
與衆生)당생극락국(當生極樂國)동견무량수(同見無量壽)개공성불도
(皆共成佛道)

원하옵나니 이와 같은 공덕이 저를 비롯한 모든 일체중생들에
게 두루 하여 모두가 반드시 극락왕생하여 함께 아미타부처님
을 친견하고 함께 성불하기를 발원하나이다.

초판 1쇄 인쇄일 2013년 05월 30일
초판 1쇄 발행일 2013년 06월 03일

지은이 종학 스님
펴낸이 김양수
편집디자인 이정은

펴낸곳 도서출판 맑은샘
출판등록 제2012-000035
주소 경기도 고양시 일산동구 마두동 827-5번지 1층
대표전화 031.906.5006 **팩스** 031.906.5079
이메일 okbook1234@naver.com
홈페이지 www.booksam.co.kr

ISBN 978-89-98374-17-4 (03220)

「이 도서의 국립중앙도서관 출판시도서목록(CIP)은 서지정보유통지원
시스템 홈페이지(http://seoji.nl.go.kr)와 국가자료공동목록시스템
(http://www.nl.go.kr/kolisnet)에서 이용하실 수 있습니다.(CIP
제어번호: CIP2013007399)」